PETITS RÉCITS POUR RACONTER, RIRE ET INVÉNTER

Sylvie Ramón

Illustrations de Santiago Ramón

NATHAN
pédagogie

ISBN 2.09.120-471-4

Sommaire

PREMIÈRE PARTIE : *les histoires*

SECONDE PARTIE : *les fiches pédagogiques*

Introduction

« Grâce aux histoires et aux jeux d'imagination pour les produire, nous aidons les enfants à entrer dans la réalité en passant par la fenêtre, plutôt que par la porte. C'est plus amusant, donc plus utile. »

Gianni Rodari
Grammaire de l'imagination, éd. Messidor.

D'ordinaire, lorsque l'on fait parler les enfants à l'École maternelle, on recherche des activités stimulantes et des situations vécues par l'enfant pour l'inciter à s'exprimer.

On lui demande de communiquer, de raisonner, de structurer sa pensée. On enrichit son vocabulaire et sa syntaxe.

Dans ce livre, nous proposerons une autre démarche qui, certes, ne doit pas se substituer à la première, mais la compléter. Nous tenterons d'**amorcer le langage ou de le provoquer**.

Notre but n'est pas d'apprendre à s'exprimer correctement.

On n'apprendra pas à l'enfant à maîtriser le rationnel, mais **à pénétrer dans l'imaginaire**.

Il découvrira **le sens des choses, mais aussi le non-sens** et, à travers cela, l'humour.

POURQUOI CHOISIR L'HUMOUR ?

Pour aborder des thèmes somme toute bien classiques et incontournables à l'École maternelle ? Simplement pour éloigner un peu l'enfant de la réalité quotidienne : « *les objets bénins entraînent des propos bénins* », dit F. François et parce que nous pensons que l'humour est un formidable moyen pour apprendre. À l'École maternelle, n'oublions pas de prendre le temps de rire avec les enfants, malgré le stress des parents, les exigences des acquisitions et de l'évaluation. Créer dans sa classe un climat favorable au jeu verbal, à la fantaisie, à l'imaginaire, traiter parfois les enfants avec humour (c'est-à-dire de manière insolite) suppose un respect de la personne de l'enfant. L'humour aide à créer des relations affectives propices à la prise de parole et à la conquête du langage. Peu importe la forme des propos enfantins au début. Oublions un peu la syntaxe et les défauts de prononciation. Pour corriger cela, nous avons d'autres méthodes. Il y aura, dans la journée, des moments spécifiques où les exigences langagières seront plus présentes. Mais pendant ce petit instant de liberté, de création verbale, ne leur imposons pas trop de limites.

L'enfant qui parle peu, ou mal, prendra plus volontiers la parole s'il sait que ce qu'il va dire sera accepté, complété avec toute la redondance voulue et non pas corrigé avec l'obligation souriante, mais ferme, de répéter correctement. A-t-on envie de continuer à parler, s'il faut répéter « comme il faut » sans cesse ? Si l'on pense que l'objet de l'humour est d'établir des relations entre les personnes et de créer de la complicité, on ne peut qu'être persuadé de son rôle éducatif.

POURQUOI CHOISIR DES HISTOIRES ?

L'imaginaire des enfants d'aujourd'hui est un mélange de données variées : science-fiction, images de la télévision et de vidéos, cinéma, affiches, graffiti, bandes dessinées ; il est aussi dispersé que son attention.

C'est pourquoi lui demander de se concentrer et d'écouter une histoire (c'est-à-dire une suite d'événements simples qui se succèdent dans le temps et l'espace) peut l'aider à se construire. En tous cas, cela lui permettra de s'initier au jeu libre de l'imagination.

Or, l'**imagination** est un facteur nécessaire à toute activité productive. Si nous pensons avec Diderot que *« l'imagination ne crée rien, elle imite »*, nous aurons à cœur de proposer à l'enfant de la « nourriture » susceptible d'enrichir son imaginaire.

Pour cela, tout est bon : **comptines, poèmes, contes, histoires**.

Ainsi comblerons-nous peut-être le fossé qui existe entre les enfants qui n'ont comme modèle que la publicité et les dessins animés de la télévision et ceux à qui l'on prend le temps de raconter une histoire tous les soirs.

Dans ce domaine, entre autres, le rôle de l'école est primordial et déterminant. C'est pourquoi nous pensons que l'enfant n'y entendra jamais **trop** d' histoires.

COMMENT FAIRE PARLER LES ENFANTS À PARTIR DES HISTOIRES ?

1. Les premières histoires du livre (1, 2, 3) sont volontairement simples. Elles sont destinées aux enfants de **petite section**.

Pour reconnaître ce qui peut être anormal dans une situation, il faut d'abord bien savoir ce qui serait correct et normal dans cette situation.
L'enfant de trois ans, même s'il ne sait pas s'habiller tout seul, ne connaît pas toutes les couleurs et ne reconnaît pas le cri de tous les animaux, a cependant acquis quelques connaissances dans ces domaines.
En lui racontant des histoires farfelues, nous lui donnerons envie de rectifier les « erreurs » contenues dans le récit, puisqu'il connaît déjà la réalité des choses.
Ici, le rire de l'enfant sera provoqué par le sentiment d'une supériorité sur les autres (ceux de l'histoire bien entendu). L'enfant sait qu'il progresse, il en est fier, aussi aura-t-il à cœur de rétablir « la vérité ». Par ce biais, nous pourrons le conduire sans cesse plus loin. Par le jeu et l'humour, nous l'aiderons à **approfondir ses connaissances.**

2. Les histoires suivantes (4, 5, 6, 7, 8, 9, 10, 11) sont plus insolites et faites pour étonner l'enfant. Il y prendra plaisir s'il accepte de cheminer dans l'absurde, qui est une des conditions de l'humour.
Les thèmes abordés sont **plus abstraits**, il s'agit des contraires, du temps, de l'espace, etc. Il ne s'agit plus de corriger des erreurs, mais de se servir du cadre de l'histoire pour inventer des situations similaires, d'expérimenter et d'élargir le champ de ses connaissances, de jouer avec des notions abstraites.
Ces histoires conviennent bien aux enfants de **moyenne section.**

3. Les dernières histoires (12, 13, 14, 15, 16) serviront de stimulant à un travail plus imaginatif et créatif.
Elles seront un point de départ pour d'autres histoires aussi loufoques et saugrenues que l'enfant créera.
Là, **tout est permis**, l'imagination peut se déchaîner et la créativité s'en donner à cœur joie.
Les histoires sont classées en fonction de la difficulté des thèmes abordés. Elles forment une **progression**, mais il n'y a pas de véritable frontière, ni d'âge idéal pour les aborder. Tout dépend du niveau de la classe, du temps que l'on veut accorder à ces moments, de l'entraînement des enfants et de l'envie que l'on a de les amener à créer des textes.

Textes officiels

La maîtrise de la langue[1]
Sa place à l'École maternelle

• Évoquer des situations absentes ou imaginaires (par exemple, annoncer une nouvelle, faire un petit récit, prévoir une action simple).
• Faire du langage un objet de curiosité et de jeu.
• S'initier à produire (oralement) des textes.

Pour que l'enfant puisse se doter de la langue écrite, on ne peut se contenter de l'imprégnation produite par la rencontre fréquente de textes lus et de livres feuilletés avec un adulte. Il importe que l'élève puisse se livrer précocement à une activité dans laquelle il prend conscience qu'il sait non seulement comprendre les textes qui lui sont lus, mais qu'il peut aussi, sinon produire un texte, du moins participer à la production collective de celui-ci.
Il convient donc de poursuivre et d'accentuer, en passant du cycle I au cycle II, une pédagogie des comptines, des jeux rimés, de l'invention verbale et poétique.

---

1. « La maîtrise de la langue à l'école », Ministère de L'Éducation nationale et de la culture, Direction des écoles, CNDP.

Et pour conduire ...

Lorsque les maîtres seront bien persuadés qu'il n'y a pas de « mal », ni de temps perdu à laisser un peu « divaguer » leurs élèves ;
s'ils acceptent de ne pas privilégier dans leur enseignement uniquement l'apprentissage à la rationalité ;

s'ils acceptent de ne pas toujours savoir ce que les enfants veulent dire quand ils parlent ;

s'ils leur proposent des livres, des textes qui les aideront à s'éloigner un peu de leur univers quotidien ;

Alors, ils les aideront à constituer leur imaginaire.

Il faut bien être conscient du fait que pour certains enfants, ces années bénies d'école maternelle peuvent être les dernières où ils aient accès à la création.

Il convient donc de ne pas les en priver et de les aider à se constituer de beaux souvenirs d'enfance.

Laissons la parole à George Jean[1] : *« Il faut aussi mettre en garde l'École maternelle contre une espèce de perfectionnisme pédagogique. C'est comme si, parfois, on oubliait que les petits enfants sont des petits enfants et que l'excès d'activité tue toute activité profonde. On veut parfois trop en faire et trop vite. Je le répète, l'imagination a besoin de silence, de lenteur, de paresse, de sommeil ; le plaisir d'inventer ne saurait s'accommoder d'autres apprentissages rapides et précipités. Il faut ici, plus qu'ailleurs, apprendre la prodigieuse fécondité du " temps perdu ". »*

C'est dans ce sens que les enseignants doivent jalousement préserver la spécificité de l'École maternelle. C'est difficile, car les pressions existent, mais c'est à ce prix qu'ils aideront à la formation d'adultes capables de donner un sens à leur vie.

« Tous les pays qui n'ont plus de légendes sont condamnés à mourir de froid. »

(Patrice de la Tour du Pin)

1. Georges Jean, *Pour une pédagogie de l'imaginaire*, Éd. Casterman.

Résumés des petits récits

1. Le lapin qui voulait se débrouiller tout seul

Niveau :
PETITE SECTION,
thème : L'HABILLEMENT

Un jeune lapin décide de s'habiller tout seul et fait quelques bêtises.

2. Citron rouge, cerises vertes

Niveau :
PETITE SECTION,
thème : LES COULEURS

Tous les aliments d'une épicerie changent de couleur.

3. Le chien qui miaule

Niveau :
PETITE SECTION,
thème : LES ANIMAUX

Le chien miaule, le chat chante, d'autres animaux encore se trompent de cri. Tout rentrera dans l'ordre grâce au cochon.

4. Le bonhomme pauvre, laid, maigre et bête

Niveau :
MOYENNE SECTION,
thème : LES CONTRAIRES

Un bonhomme pauvre, laid, maigre et bête rencontre un joli monstre et une petite fée laide.

5. Drôle de goûter

Niveau :
MOYENNE SECTION,
thème : LE GOÛT ET L'ODORAT

Pierre fait un cauchemar : les aliments ont changé de goût, les fleurs sentent mauvais.

6. Le Père Noël est passé en été

Niveau :
MOYENNE SECTION,
thème : LE TEMPS

Le Père Noël est distrait,
il passe en plein été.

7. Le pays où tout est permis

Niveau :
MOYENNE SECTION,
thème : LA LOI

Dans un pays imaginaire,
les enfants peuvent faire
tout ce qui d'ordinaire est interdit.

8. Le lapin qui regardait derrière lui en marchant

Niveau :
MOYENNE SECTION,
thème : L'ESPACE

Un jeune lapin a du mal à s'orienter
dans l'espace.

9. Irma la petite sorcière

Niveau :
MOYENNE SECTION,
thème : LES NOMBRES

Une histoire de sorcière racontée
de 1 à 12 et de 12 à 1.

10. La Grande Ronde

Niveau :
MOYENNE SECTION,
thème : LES FORMES

Comment les ronds,
les carrés, les triangles et les rectangles
peuvent se rencontrer et former un bonhomme.

11. Le rêve de Rose

Niveau :
MOYENNE SECTION,
thème : LA PUBLICITÉ, L'IMAGE

Boucle d'or apparaît dans un spot
publicitaire, elle vante les vertus
d'un shampooing...

12. Rose rêve encore

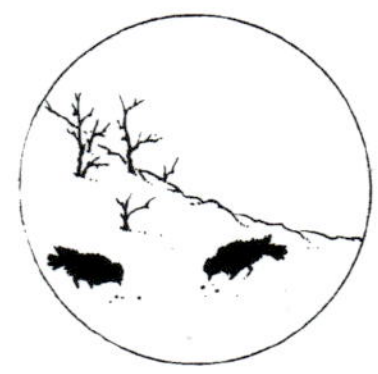

Niveau :
GRANDE SECTION,
thème : LES OBJETS QUI DISPARAISSENT

Rose a un pouvoir magique ;
en fermant les yeux, elle peut faire
disparaître ce qu'elle veut.

13. Pierre et son lit

Niveau :
GRANDE SECTION,
thème : LES OBJETS ANIMÉS

La nuit, Pierre ne dort pas,
il part en voyage sur son lit.

14. Le bonhomme à l'envers

Niveau :
GRANDE SECTION,
thème : LE MONDE À L'ENVERS

Le bonhomme est tout à l'envers
il faut le remettre à l'endroit.

15. Le Petit Chaperon rouge et les trois ours

Niveau :
GRANDE SECTION,
thème : SALADE DE CONTES, CONTE DÉFAIT

Boucle d'or, Blanche-Neige
et Le Petit Chaperon rouge
habitent ensemble.
Trois ours viennent les déranger…

16. Finir une histoire, inventer une histoire

Niveau :
TOUTES SECTIONS

Deux petits textes à offrir aux enfants
pour qu'ils les finissent.
Des suggestions pour faire inventer
des histoires par les enfants
(se reporter à la fiche pédagogique).

Avertissement

Les **activités pédagogiques** qui peuvent être menées après la lecture des histoires sont regroupées **dans la deuxième partie du livre**.

Chaque **fiche** porte le nom de l'histoire, il est donc aisé de s'y reporter.

Volontairement, nous avons refusé d'être directif. Nous avons préféré donner des **pistes** que chaque maître pourra exploiter à son gré.

Il est probable qu'après la lecture de chaque histoire, les réactions des enfants déclencheront des prolongements inattendus. C'est la surprise des enfants qui va, souvent, provoquer des rebondissements et donner envie aux maîtres de suivre les orientations qui se dégagent.

PREMIÈRE PARTIE

Les histoires

Niveau : PETITE SECTION
Thème : L'HABILLEMENT

1. Le lapin qui voulait se débrouiller tout seul

Il était une fois un jeune lapin de trois ans qui habitait avec ses parents et qui essayait de devenir un grand lapin. Aussi avait-il décidé de se débrouiller tout seul sans jamais se faire aider par sa maman.

Le matin, dès qu'il se levait, il mettait son pyjama dans la poubelle, sa culotte sur sa tête et ses chaussettes sur les oreilles ; puis, il allait dans la cuisine pour préparer le petit déjeuner. Il versait le lait dans sa pantoufle, ajoutait un peu de sel et de moutarde et se faisait une bonne tartine avec une rondelle de saucisson et de la confiture de citron.

Hum, quel bon petit déjeuner !

Mais quand sa maman, réveillée par le bruit, arrivait dans la cuisine, elle se fâchait et disait :

– Mais voyons, mon lapin, tu sais bien qu'il faut mettre le pyjama dans l'armoire, la culotte sur les fesses, les chaussettes sur les pieds, le lait dans la casserole et la confiture sur le pain ! As-tu bien compris ?

– Oui maman, oui maman, j'ai bien compris, répondait le jeune lapin.

Le lendemain matin, en se levant, il réfléchit :

– Voyons, je vais faire tout ce qu'a dit maman, elle sera bien contente.
Alors, il mit son pyjama dans la casserole, sa culotte sur le pain, la confiture de citron sur ses chaussettes, le lait dans l'armoire et ses pantoufles dans la poubelle. Quand sa maman arriva dans la cuisine, d'abord, elle eut envie de se mettre en colère car son lapin avait fait encore trop de bêtises, mais ensuite, elle pensa qu'il était encore petit et elle le prit sur ses genoux. Elle l'habilla comme il faut, puis elle lui montra comment on prépare le petit déjeuner...
Le jeune lapin regarda bien sa maman, et depuis ce jour, il ne se trompe plus, ou presque plus !

Un petit lapin
pour fair' le malin
voulut prendr' le train
s'en alla l'matin
se trompa d'chemin
et manqua le train.

Niveau : PETITE SECTION
Thème : LES COULEURS

2.
Citron rouge, cerises vertes

Cette histoire se passe dans une boutique, en été, un jour où il fait très chaud. Il y a un pauvre petit citron, dans un panier en plein soleil, dehors !

Il a chaud, tellement chaud qu'il devient tout rouge.

Les cerises, qui sont tout à côté, le voient. Elles disent : « Ce coquin de citron nous a volé notre couleur, volons-lui la sienne ! »

Alors, elles deviennent jaunes comme était le citron.

À l'autre bout du magasin, la pomme verte se dit :

« Tiens, tiens ! les cerises ont changé de couleur, eh bien moi, je vais devenir marron comme le chocolat ! »

Et le chocolat noir, qui est couché sur le rayon d'à côté, devient blanc comme le lait.

Mais le lait, très calme dans sa bouteille pense : « Moi, j'aimerais bien être rose comme la framboise. » Et la framboise lui prête sa couleur, car elle est devenue bleue comme le ciel d'été.

Les petits oiseaux qui volent dans le ciel d'été n'y comprennent plus rien. Ils sont dans un ciel sans couleur, et quand ils descendent sur terre pour manger, ils ne trouvent que des cerises jaunes citron et des framboises bleues comme le ciel !

Pouvez-vous les aider à remettre les couleurs à leur place ?

Moi je ne peux pas, car je crois que le citron est noir, le ciel marron et les cerises vertes ! Et vous ? Qu'en pensez-vous ?

Niveau : **PETITE SECTION**
Thème : **LES ANIMAUX**

3.
Le chien qui miaule

Il était une fois un chien qui était très, très malheureux car il ne savait pas aboyer. Au lieu de faire « ouah, ouah ! », comme tous les chiens du monde, il miaulait tout doucement comme un chat. Ses maîtres, qui voulaient un chien de garde pour faire peur aux voleurs, en eurent assez. Ils décidèrent de le chasser. Le pauvre chien partit en pleurant : « Miaou, Miaou ! »

Sur son chemin, il rencontra un chat qui pleurait aussi, mais ses pleurs ressemblaient au chant des oiseaux : « Cui, cui, cui-cui ! »

« Que t'arrive-t-il, chat ? Pourquoi pleures-tu ? dit le chien.

– Je pleure, car mes maîtres m'ont chassé ! Ils voulaient un chat qui fasse peur aux souris et moi je ne sais pas miauler, je peux tout juste chanter comme un oiseau, et les souris se moquent de moi !

– Quel malheur ! dit le chien, si tu veux, je vais essayer de t'apprendre à miauler ! »

Pendant qu'ils parlaient ainsi, ils entendirent un drôle de bruit : « rrrhon, rrrhon, rrrhon ! » Ils regardèrent autour d'eux, mais ce grognement de cochon venait d'en haut ! Ils levèrent la tête et virent sur une branche d'arbre un petit oiseau qui pleurait en grognant comme un cochon :

« Rrrhon, rrrhon, rrrhon ! »

« Pourquoi pleures-tu ainsi ? dirent le chat et le chien.

– Je pleure, car mes maîtres m'ont chassé ! Ils voulaient un oiseau chanteur qui leur fasse une douce musique, et moi, je ne sais que grogner comme un cochon, alors ils se sont lassés de moi, ils ont ouvert la porte de ma cage et m'ont demandé de partir. Je vais aller voir le cochon, peut-être sait-il chanter ! Dans ce cas, nous pourrions échanger nos voix. »

Le chat lui répondit : « Allons-y si tu veux, mais moi, je sais chanter comme un oiseau et j'essaierai de t'apprendre si tu veux. »

Ils partirent tous les trois chez le cochon, le chien qui miaulait, le chat qui chantait et l'oiseau qui grognait.

En arrivant près de l'enclos, ils virent un pauvre cochon qui se lamentait dans la boue. Mais, quand il vit arriver les animaux, il se mit en colère :

« Ouah ! ouah ! Allez-vous en, ou je vous mords !

– Mais tu n'es pas un chien !

– Peut-être, mais je ne sais pas grogner. Je ne peux qu'aboyer et je fais peur à toute ma famille dès que j'ouvre le groin ! »

Alors, le chien s'approcha de lui et lui dit :

« Écoute, cochon, donne-moi ta voix. »

Et le cochon donna sa voix au chien. Le chien donna sa voix au chat. Le chat donna sa voix à l'oiseau. Et l'oiseau donna sa voix au cochon qui avait attendu tout ce temps-là !

Ils étaient tous très contents et se mirent à danser la polka jusqu'à la tombée de la nuit.

Puis, le chien rentra chez lui et aboya pour faire peur aux voleurs ; le chat alla miauler pour éloigner les souris ; l'oiseau retourna chanter dans sa cage pour faire plaisir à ses maîtres. Et le cochon grogna comme il se doit !

Niveau : MOYENNE SECTION
Thème : LES CONTRAIRES

4.
Le bonhomme pauvre, laid, maigre et bête

C'est l'histoire d'un petit bonhomme. Il est laid, maigre, bête, pauvre et il en a assez !
Il aimerait tellement devenir un grand et bel homme, bien grassouillet, intelligent et riche !
Alors, il se décide à aller voir la fée Violette. Il sait qu'elle habite loin de chez lui dans une grande maison située dans une petite forêt. Pour y arriver, il faut passer devant la maison d'un monstre. Le petit bonhomme a peur, mais il part quand même.
Il marche, marche et marche, très longtemps. Puis il arrive devant une jolie maison. Mais on y entend de drôles de bruits : « rrrh, rrrh, rrrh ». Le petit bonhomme a peur, il passe devant la maison sur la pointe des pieds, lorsque soudain la porte s'ouvre !

Voilà que sort de la maison un très joli monstre. Il a la peau rose bonbon, des fleurs sur la tête et un collier de coquillages autour du cou.
« Rrrh, rrrh, où vas-tu petit bonhomme laid, maigre et pauvre ? »
Et le petit bonhomme, qui était aussi bête, ne reconnaît pas le monstre parce qu'il le trouve beau. Au lieu de partir en courant, il lui répond gentiment :

« Je vais voir la fée Violette pour qu'elle m'aide à devenir beau, gros, intelligent et riche !
– Tu n'arriveras pas chez la fée, car je te mangerai avant, petit bonhomme bête ! »
Et le joli monstre se jette sur le petit bonhomme. Mais il trébuche sur une grosse pierre et tombe par terre… sur le nez ! Le petit bonhomme en profite pour s'échapper.
Il continue à marcher et arrive dans la petite forêt. Il voit la grande maison, frappe à la porte et rentre chez la fée Violette.
Elle est assise sur une petite chaise. Elle a la peau toute jaune et poilue, un gros nez rouge, des boutons sur les joues et quatre cheveux sur la tête. Sa baguette magique est posée sur ses genoux. Quand il la voit si laide, le petit bonhomme s'en va à toute vitesse en criant :
« Au secours ! Je me suis trompé, ce n'est pas la fée Violette, ce n'est qu'une sorcière !
Au secours ! »
Mais la fée se lève et l'arrête d'un coup de baguette magique.
« Stop ! Petit bonhomme ! Tu ne m'as pas reconnue parce que tu es bête et que tu crois que toutes les fées sont belles. Je vais d'abord te rendre intelligent ! »
Alors le petit bonhomme sent sa tête se remplir de belles idées.
Puis, il se voit grandir, ses habits deviennent trop petits. La fée lui tend une glace pour qu'il admire son beau visage. Puis, il met les mains dans ses poches et en retire des centaines de pièces d'or. Alors, il saute au cou de la fée Violette pour la remercier. Et elle aussi devient belle, belle comme une fée.
Je crois bien qu'ils se sont mariés et ont eu beaucoup d'enfants gros, beaux, riches et intelligents.

Niveau : MOYENNE SECTION
Thème : LE GOÛT ET L'ODORAT

5.
Drôle de goûter

Après avoir bien joué, Pierre rentra chez lui pour goûter. Mais sa maman avait oublié d'acheter des gâteaux. Elle lui donna donc deux petites pièces et lui dit : « Va chez la marchande et choisis ce que tu veux pour ton goûter, tu peux t'acheter aussi quelque chose de bon à boire, si cela te fait plaisir. » Pierre était tout content d'avoir le droit d'acheter ce qu'il voulait. Il partit en sautillant et arriva bientôt chez la marchande.

« Bonjour madame, dit-il, je viens m'acheter un goûter et une boisson bien rafraîchissante.

– Mais, bien sûr, mon petit, qu'est-ce qui te fait envie ? Tu as de l'argent ? Combien ? »

Pierre montra ses deux petites pièces et la marchande lui dit :

« Très bien, je vais te dire ce que tu peux acheter, j'ai :

– des bonbons à la moutarde,

– des sucettes salées ou poivrées,

– des glaces aux champignons,

– des chewing-gums aux cornichons,

mais si tu as très faim, je peux te vendre des gâteaux aux poireaux et au sirop d'endive, ou bien des croissants au poisson et aux épinards !

– Oh ! finalement, je n'ai pas tellement faim, dit Pierre, je vais plutôt

acheter quelque chose à boire.
– Très bien, mon petit, que veux-tu ?
– de la limonade d'araignées ?
– du coca au pipi de loup ?
– ou du sirop de grenouilles ?
– Oh, finalement, je n'ai pas si soif que ça, dit Pierre, je vais plutôt acheter des fleurs pour ma maman.
– Comme tu veux, mon petit, dit la marchande, choisis celles qui te plaisent. »
Pierre s'approcha des bouquets de fleurs et les sentit.
Mais les roses sentaient le couscous et les œillets le poulet rôti. Quant aux marguerites, elles sentaient l'ours. Alors, Pierre préféra ne pas en acheter, et il rentra chez lui tout triste, les mains dans ses poches.

À ce moment-là... il se réveilla ! Il s'était endormi sur un coin de la table avant le goûter, car il avait beaucoup joué et était très fatigué. Ouf ! le cauchemar était terminé !

Sa maman arrivait avec une tarte aux pommes toute chaude... et un verre de lait à la fraise.

UN GOÛTER ORIGINAL

La maison de la sorcière d'Hansel et Gretel

• Matériel : – des petits beurres,
– du pain d'épice,
– du Nutella,
– des Smarties,
– des fruits confits,
– des bonbons (selon l'inspiration).

• Mise en œuvre :

– Constituer un socle en pain d'épice sur lequel sera édifiée la maison .

– Monter les murs avec des petits beurres collés au Nutella.

– Confectionner le toit de la même façon.

– Faire les encadrements de fenêtre avec des bâtons d'angélique ou des lacets de réglisse, les poignées de fenêtre avec des Smarties ou des cerises confites.

– Décorer le toit avec des bonbons.

– Déguster.

Niveau : MOYENNE SECTION
Thème : LE TEMPS

6.
Le Père Noël est passé en été

C'était un après-midi d'été au mois de juin. Il faisait chaud, très chaud même. Pierre rentrait de l'école. Après avoir ouvert la porte, il pénétra dans la salle à manger. Là, il fut très surpris de voir un gros tas de jouets, tout neufs, près de la cheminée !

À côté d'eux était posée une lettre : « Comme je sais que tu as été bien sage, je t'ai apporté tout ce que tu as demandé. Signé : le Père Noël. »

Pierre se frotta les yeux, tout étonné. Il pensa : « Je croyais qu'on était en été ! Mais le Père Noël est passé. D'habitude il ne passe qu'en hiver, quand il fait très froid. J'ai dû me tromper, on est en hiver ! »

Il commença à s'amuser avec ses beaux jouets, puis il se dit :

« Le Père Noël a l'habitude de passer la nuit pendant que les enfants dorment. Nous sommes donc le matin, il faut que je prenne mon petit déjeuner et que je parte à l'école ! » Il but un bol de chocolat bien sucré, mit son manteau et partit à l'école.

Dans la rue, il faisait chaud et presque nuit, mais il vit des enfants bien couverts, comme lui, qui se dirigeaient vers l'école avec leur cartable dans le dos.

Arrivés devant l'école, Pierre et ses amis se racontèrent ce que le Père Noël leur avait apporté. Ils avaient un peu chaud avec leurs manteaux et il faisait de plus en plus nuit.
Pierre et ses amis attendaient que la porte de l'école s'ouvre. Mais le temps passait et la porte restait fermée. Alors Pierre se décida à sonner.
Il sonna longtemps, longtemps...
Enfin, les lumières du préau s'allumèrent et la gardienne ouvrit la porte.
Elle était en robe de chambre, toute décoiffée. Elle avait l'air un peu fâchée.
– « Que faites-vous là, les enfants, voulez-vous aller vous coucher, il est minuit passé, vous reviendrez demain matin ! »
Pierre voulut lui dire que c'était le matin, que le Père Noël venait de passer, mais elle avait déjà refermé la porte de l'école. Alors, il dit bonsoir à ses amis et repartit bien vite chez lui.
Il regarda encore ses nouveaux jouets et se coucha sans faire de bruit.
Le lendemain matin, on pouvait lire dans les journaux et sur toutes les affiches de la ville :
« Le Père Noël fait savoir à tous les enfants qu'il a fait deux erreurs :
– il est passé l'après-midi au lieu de passer pendant la nuit,
– il est venu en été au lieu de venir en hiver !
Il leur présente ses excuses et leur promet qu'il reviendra, cet hiver, à Noël ! »
Et, c'est ainsi que, cette année-là, Pierre et ses amis eurent deux fois des cadeaux de Noël.

7. Le pays où tout est permis

Il était une fois un drôle de pays où les enfants avaient le droit de faire tout ce qui, d'habitude, est défendu.
Le matin, ils se levaient en retard et ne se dépêchaient pas de s'habiller pour aller à l'école. Ils prenaient leur petit déjeuner bien tranquillement. Ils mettaient trop de sucre dans leur lait et mangeaient la confiture à la petite cuillère au lieu de l'étaler sur la tartine. Ensuite, ils se salissaient la figure, se décoiffaient et ne boutonnaient pas leurs manteaux, même quand il faisait froid !

Dans la rue, ils ne donnaient pas la main à leur maman et ne marchaient jamais sur le trottoir.
Une fois arrivés à l'école, ils ne disaient pas bonjour à la maîtresse et ne s'asseyaient pas à leur place. Bien sûr, ils n'écoutaient pas et pendant la récréation, ils se donnaient des coups de pied.
Ils attaquaient les plus petits et faisaient pipi sur les arbres de la cour, car ils n'allaient dans les cabinets que pour jouer à l'eau. Quand la maîtresse les appelait, ils ne venaient pas.
À l'heure de la sortie, ils partaient tout

seuls sans attendre leur maman. Et ils allaient acheter trop de bonbons et trop de gâteaux.
Arrivés à la maison, ils se salissaient les mains avant de dîner, ne mangeaient pas leur soupe, quittaient la table avant le dessert, ne rangeaient pas leur chambre. Ils aimaient mieux regarder la télévision jusqu'à minuit !
Et quand ils allaient se coucher, sans se laver les dents, ils chiffonnaient leurs vêtements au lieu de les plier et faisaient pipi au lit exprès.
Est-ce qu'il vous plaît, ce pays ?

Niveau : MOYENNE SECTION
Thème : L'ESPACE

8. Le lapin qui regardait derrière lui en marchant

Il était une fois un jeune lapin de trois ans qui habitait chez ses parents (peut-être le connaissez-vous déjà ?) et qui essayait de devenir un grand lapin.

Tous les matins, il se promenait dans la campagne avec sa maman pour apprendre à trouver les chemins de lapin et à reconnaître le thym et le serpolet. Il admirait les coccinelles et les chenilles, ramassait des cailloux, cueillait des fleurs, mais il ne regardait jamais devant lui.

Un jour, sa maman lui dit : « Regarde devant toi quand tu marches, sinon tu vas te faire mal ! »

Mais il se retourna pour regarder derrière lui et en reprenant sa marche, plaf ! Il se cogna très fort contre un crocodile qui traversait le chemin ! Alors sa maman lui expliqua que devant et derrière, ce n'est pas pareil...

En rentrant à la maison, elle lui dit : « Maintenant, nous allons déjeuner. Aide-moi, veux-tu ? Va chercher le petit chat et installe-le à côté de son assiette de lait pour qu'il mange aussi. Ensuite, tu mettras les fleurs que tu as cueillies dans le vase et tu serviras les carottes farcies dans les assiettes. »

Très gentiment, le jeune lapin alla chercher le chat et le mit dans son lait. Puis, il prit le bouquet de fleurs et le posa à côté du vase. Ensuite, il alla à table et mit les carottes farcies sous les assiettes.
Il était très content d'avoir aidé sa maman !
Quand elle arriva, elle trouva le petit chat plein de lait et très en colère, les fleurs fanées parce qu'elles n'étaient pas dans l'eau, et la nappe tachée par les carottes farcies.
Elle ne se fâcha pas trop fort car elle pensa que son lapin était encore petit. Elle le prit par la main et lui montra comment faire pour mettre le chat à côté du lait, les fleurs dans le vase et les carottes dans les assiettes. Depuis ce temps-là, il ne se trompe plus.

Du pain blanc
Pour un lapin blanc
Du pain noir
Pour un lapin noir
Du pain gris
Pour un lapin gris
Du pain bleu
Pour les lapins bleus
qui sont amoureux.

Niveau : MOYENNE SECTION
Thème : LES NOMBRES

9.
Irma, la petite sorcière

Ce matin-là, Irma la sorcière a bu un verre de jus de crapaud, puis elle a mangé deux petits serpents jaunes. Mais comme elle n'a que trois dents dans la bouche, elle a mis quatre minutes à les mâcher.
Ensuite, elle s'est habillée, puis elle a mis ses gants noirs en plumes de corbeau sur ses cinq doigts. Elle est montée sur son balai à six poils et s'est envolée dans le ciel en sept secondes.
Là, elle a rencontré huit petits hiboux qui se sont perchés sur son dos.
Ensemble, ils ont chanté neuf chansons magiques et sont partis rejoindre, dans la clairière, dix petites sorcières qui tournaient en rond sur leur balai. Elles commençaient à bien s'amuser ces onze petites sorcières mais, soudain, elles s'arrêtèrent de tourner car elles avaient entendu sonner douze coups à l'horloge du village. Les douze coups de midi.
« Sauvons-nous vite ! dirent les onze sorcières, arrêtons de tourner et, toutes en rang, allons nous cacher ! »
Mais, en se comptant, elles s'aperçurent qu'elles n'étaient plus que dix.
En effet, Irma était déjà repartie chez

elle, dès qu'elle avait entendu sonner le coup de cloche numéro neuf.
Les huit petits hiboux étaient toujours sur son dos, mais elle mit plus de sept secondes pour rentrer, car son balai à six poils s'était abîmé pendant le voyage. Il n'avait plus que cinq poils et volait beaucoup moins vite.
Elle avait perdu un gant en plumes de corbeau et quatre de ses doigts lui faisaient mal.
Mais, elle avait toujours ses trois dents, ses deux yeux et une très jolie langue bleue !

La sorcière
de la Glacière
mang' des crapauds
Dans son chapeau.

À cheval sur son balai
elle voudrait bien boire du lait
mais elle n'a plus que de l'eau
dans le fond de son chapeau.

La vilaine sorcière
de la rue de la Glacière
voulut prendre le bateau
hélas ! Elle tomba dans l'eau.

10. La Grande Ronde

C'était un soir d'hiver. Deux petits ronds cherchaient leur maman, on l'appelait : La Grande Ronde.

Ils s'étaient bien amusés à rouler de-ci, de-là toute la journée.
Ils avaient joué à cache-cache, à saute-mouton, à chat, sans s'arrêter un seul instant.
Mais, maintenant, la nuit tombait, ils étaient très fatigués et se sentaient un peu perdus.
C'est alors qu'ils entendirent la voix chérie de leur maman : « Hé-oh, mes petits ronds, où étiez-vous ? Je commençais à me faire du souci ! Allez, je vais vous porter pour aller plus vite. »
Tout contents, les petits ronds sautèrent dans La Grande Ronde et elle commença à rouler tout doucement pour les emmener, comme tous les soirs, se reposer sur Le Carré.

Le Carré les attendait dans une clairière de la forêt.
La Grande Ronde alla se poser sur sa tête, bien au milieu.
Elle était tranquille, car elle savait qu'elle ne pourrait pas rouler en dormant, Le Carré l'en aurait empêchée.
Elle commençait à s'endormir, lorsqu'elle aperçut, en face d'elle, venant

de la forêt, Le Triangle qui sautillait sur sa pointe, suivi de son petit triangle.
Il se dirigeait vers elle.
« Bonsoir Grande Ronde, dit-il, est-ce que tes petits ronds sont déjà endormis ?
– Pas encore, Triangle, nous venons d'arriver, ils sont fatigués, mais ils jouent encore un peu !
– Mon petit triangle pourrait-il entrer jouer avec eux ? Il s'ennuie tout seul !
– Si tu veux. »
Alors Le Triangle sauta sur La Grande Ronde et le petit triangle entra chez elle pour jouer avec les petits ronds.
Ils firent une partie de chat perché, mais s'arrêtèrent assez vite, car ils avaient sommeil.
Il faisait presque nuit.
Tout le monde commençait à s'endormir : Le Carré, La Grande Ronde posée sur sa tête, avec chez elle, les deux petits ronds et le petit triangle et, sur sa tête, Le Grand Triangle.
Soudain, des bruits de pas les réveillèrent. En regardant bien, ils aperçurent au bout du chemin, quatre rectangles longs et maigres qui marchaient lentement. Ils semblaient épuisés.
Quand ils arrivèrent près du Carré, de La Grande Ronde et du Triangle, ils se mirent à parler, ou plutôt à chuchoter :
« Ohé, les amis, pouvons-nous venir dormir avec vous ? Nous avons marché toute la journée, il est tard et nous avons bien froid !
– D'accord, répondirent les trois amis, restez avec nous, nous nous tiendrons chaud tous ensemble ! »
Alors, les quatre rectangles se collèrent contre Le Carré. Deux, de chacun de ses côtés, et deux tout en bas, en face de La Grande Ronde.
Ils s'endormirent comme ça, tous ensemble.
Et le matin, en se réveillant, ils décidèrent de ne plus se quitter, car ils étaient très bien ensemble.

Niveau : MOYENNE SECTION
Thème : LA PUBLICITÉ, L'IMAGE

11.
Le rêve de Rose

C'était l'heure où les mamans préparent le dîner.
Rose regardait la télévision.
Le dessin animé se terminait.
Sa maman s'approcha du poste, l'éteignit et lui dit : « J'ai oublié d'acheter du pain pour le dîner, je vais à la boulangerie et je reviens tout de suite ! Sois sage, n'ouvre la porte à personne et n'allume plus la télévision, les émissions pour enfants sont terminées. Regarde ton livre de contes en m'attendant. »
Rose, qui était obéissante, prit son livre de contes et le regarda du début à la fin. Elle ne savait pas encore lire, mais elle connaissait bien les histoires. Quand elle eut fini, elle posa le livre.
Sa maman n'arrivait pas...
Elle pensa : « Je pourrais regarder un petit peu la télévision, puisque j'ai déjà fini mon livre. »
Alors, elle prit la télécommande. Sur la première chaîne : rien d'intéressant, des informations pour les grandes personnes. Elle changea de chaîne plusieurs fois et s'arrêta quand elle vit sur l'écran quelqu'un qu'elle connaissait. C'était une jolie petite fille aux épais cheveux blonds et bouclés.

Justement, elle parlait de ses cheveux. « Oui, disait-elle, on dit que mes cheveux sont très beaux, ils m'ont rendue célèbre dans le monde entier ! Voulez-vous connaître mon secret ? Tous les matins, je les lave avec le shampooing " Boucles d'Or " ! Grâce à ses propriétés extraordinaires, mes cheveux sont toujours bouclés, souples et dorés ! Si vous voulez me ressembler, faites comme moi, utilisez le shampooing " Boucles d'or " !
– Formidable ! pensa Rose qui avait les cheveux noirs et raides, je vais dire à maman d'en acheter. »
Elle appuya sur le bouton de la télécommande et trouva une autre chaîne. C'était aussi de la publicité ; une petite fille habillée en rouge de la tête aux pieds était en train de dire :
« Quand je vais dans la forêt cueillir des fleurs, je m'assieds parfois par terre et ma robe est tachée de boue. Il arrive aussi que le beurre fonde au soleil et coule sur mes chaussettes rouges ! Et quand je suis dans le ventre du loup, vous pouvez imaginer comme mes vêtements sont sales ! Pourtant, ma maman ne me gronde jamais ! Grâce à « Chap'couleurs », mes vêtements sont toujours bien rouges et je peux recommencer à me salir tous les jours si je veux ! Si vous voulez que vos vêtements ne perdent pas leurs couleurs au lavage, dites à votre maman d'acheter « Chap'couleurs » !
– Formidable, pensa Rose qui se salissait beaucoup, je vais le dire à maman. »
Elle changea encore de chaîne et vit d'autres publicités : un cochon parlait d'une marque de briques très solides qui résistaient à tout, même au loup ! Mais cela ne l'intéressait pas.
Elle s'arrêta sur une autre chaîne. Là une belle jeune fille aux cheveux noirs comme l'ébène et à la bouche rouge comme le sang disait :
« Vous aimeriez avoir la peau douce et blanche comme la neige ? Rien de plus facile ! Tous les soirs, appliquez sur votre visage la crème " Neigealia "! Pour l'achat de trois pots de crème, vous recevrez dix petits nains en plastique !
– Formidable, pensa Rose, je vais le dire à maman ! »
Mais Rose se réveilla au bruit que faisait la clé dans la serrure.
La télévision était éteinte.
Je vous avais bien dit qu'elle était obéissante.
Le livre de contes était ouvert à la dernière page et Rose comprit qu'elle avait fait un rêve !

Niveau : GRANDE SECTION
Thème : LES OBJETS QUI DISPARAISSENT

12. Rose rêve encore

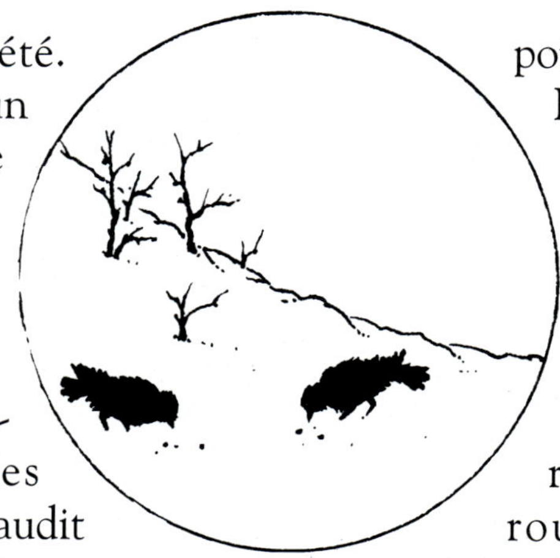

C'était un matin d'été. Il était tôt. Dans un lit dormait une petite fille nommée Rose. Un rayon de soleil rentra par la fenêtre et se posa sur son nez et ses yeux. Elle se réveilla de mauvaise humeur et referma les yeux en murmurant : « Maudit soleil, si tu pouvais disparaître ! »
Et voilà que dans sa chambre, tout devint noir comme lorsqu'il fait nuit.
Rose se leva et alla regarder par la fenêtre : il faisait bien nuit, le soleil avait disparu !
Ennuyée, elle essaya de dire une formule magique pour le faire revenir : « Abracadabra et Turlututu chapeau pointu ! »
Rien à faire...
Alors, Rose cligna deux fois des yeux pour essayer et le soleil revint !
Toute contente d'être une magicienne, elle regarda les voitures qui roulaient dans la rue, ferma les yeux une fois, et les voitures disparurent.
Les passagers restaient assis par terre sur la chaussée, c'était très amusant !
Elle regarda les maisons.
Il y avait des gens qui dormaient, d'autres qui se lavaient, qui descendaient les escaliers, s'habillaient...
C'était vraiment très amusant.

Mais sa maman l'appela pour prendre le petit déjeuner. Arrivée dans la salle à manger, Rose regarda la table, ferma les yeux une fois et la table disparut.
Le lait se renversa, les tasses se cassèrent, la confiture s'étala sur le tapis et sa maman se mit en colère ! Rose la regarda, ferma les yeux une fois et la maman en colère disparut !
Rose était bien tranquille !
Elle allait pouvoir supprimer tout ce qu'elle n'aimait pas dans la maison : les suppositoires, les épinards, le poisson surgelé, ses chaussures neuves, la brosse qui tire les cheveux, et le shampooing qui pique les yeux. Quand elle eut tout fait disparaître, elle commença à s'ennuyer un peu. Elle regrettait surtout d'avoir effacé sa maman qu'elle aimait beaucoup.
Alors, elle cligna des yeux deux fois... mais sa maman ne revint pas. Toute énervée, elle se frottait les yeux lorsqu'elle entendit sa maman lui dire tout doucement à l'oreille :
« Allons, Rose, calme-toi, tu as le soleil dans l'œil, je vais tirer un peu le rideau. Quand tu seras bien réveillée, tu viendras prendre ton petit déjeuner ! »
Et Rose comprit qu'elle avait encore fait un rêve !

PRÉNOMS

Simone ou Anémone ?
Antonia ou Bégonia ?
Juliette ou Violette ?
Michelle ou Asphodèle ?
Rosalie ou Ancolie ?
Barbara ou Pétunia ?

Et tout ça,
ça mène à quoi ?

13. Pierre et son lit

« Va te coucher Pierre, il est l'heure!
– Oui, maman, d'accord, j'y vais tout de suite ! »
Et Pierre se lave les dents et va se coucher dans sa chambre sans traîner, sans rouspéter, sans dire : « Attends un peu, je n'ai pas sommeil ! »
Pierre est très content d'aller se coucher ! Pourquoi ?
C'est un secret ! Il ne faudra pas le répéter ! Surtout pas à la maman de Pierre !
Voilà, quand Pierre va se coucher dans son lit, il défait un peu sa couverture et se glisse entre les draps. Il attend une minute, et il entend une petite voix qui lui dit : « Quelle histoire veux-tu que je te raconte, ce soir ? " Les Trois Petits Cochons " ou " Le Petit Chaperon rouge " ? »
Alors, Pierre choisit une histoire qu'il aime beaucoup et le lit commence à la lui raconter tout doucement, jusqu'à ce que le sommeil arrive.
Quand Pierre s'endort, le lit s'arrête de parler.
Mais d'autres soirs, si Pierre n'a pas trop sommeil, le lit lui dit : « Veux-tu qu'on aille se promener, ce soir ?

– D'accord », répond Pierre.
Alors le lit se secoue un peu, saute sur ses quatre pattes et saute par la fenêtre ouverte. Vrroum ! Il s'envole dans le ciel aussi haut que les étoiles et la Lune.
Dans le ciel, Pierre rencontre d'autres petits enfants sur leur lit et des grandes personnes sur des tapis volants qui vont très vite. Le lit lui dit le nom des étoiles, des comètes et lui explique tout ce qui se passe dans le ciel. Le lendemain matin, Pierre a un peu sommeil, alors, pour le réveiller, le lit se met à danser et à chanter bien fort.
C'est sympathique de se réveiller en musique ! Vraiment, ce lit est très agréable.
Il faut dire aussi que Pierre s'occupe bien de son lit. Quand il a froid, il lui rajoute une couverture ; quand il a faim, il lui glisse quelque chose à manger entre le drap et le matelas. Et quand il a sommeil, il le laisse dormir toute la journée pendant qu'il va à l'école.
Alors, vous comprenez maintenant pourquoi Pierre aime bien aller se coucher ?
Mais… chut ! C'est un secret !

Niveau : GRANDE SECTION
Thème : LE MONDE À L'ENVERS

14. Le bonhomme à l'envers

Voici l'histoire du « bonhomme à l'envers ».

Il marche la tête en bas, car ses mains lui servent de pieds. Et il mange avec ses pieds !

Il s'est fait faire des chaussures pour les mains et des gants pour les pieds, car il est plutôt frileux. Mais s'il a froid, il dit qu'il a trop chaud, car « il parle à l'envers » : il dit le contraire de ce qu'il veut dire.

Quand il se promène dans la rue et qu'il rencontre une dame, il lui dit : « Au revoir, monsieur ! ». Quand il voit passer un chien roux, il dit : « Oh, le joli chat vert ! »

Quand on l'invite à manger, c'est très compliqué : quand il veut de l'eau, il demande du pain. Au lieu de dire « oui », il dit « non » et après le repas, il réclame un peu de café blanc avec du sel dedans. Quand il part se coucher, il dit : « Bonjour, je vais me lever ! » et au lieu de dire : « À demain ! », il dit : « À hier ! »

Vraiment, c'est un drôle de bonhomme ! Il faudrait le remettre à l'endroit...

Niveau : GRANDE SECTION
Thème : SALADE DE CONTES, CONTE DÉFAIT

15.
Le Petit Chaperon rouge et les trois ours

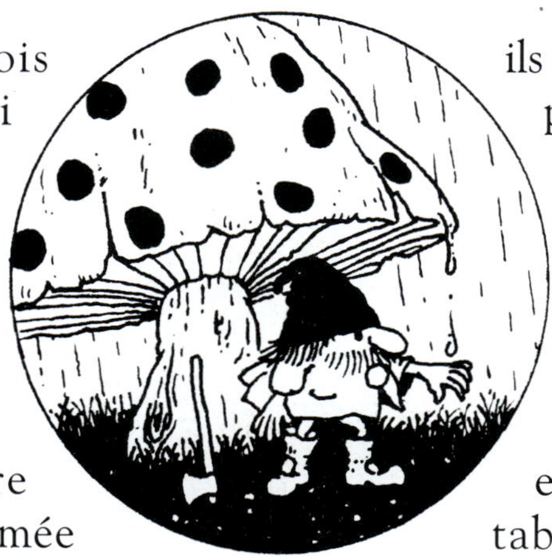

Il était une fois trois ours très gentils qui se promenaient dans une grande forêt : le papa ours, la maman ours et le bébé ours.
Ils cueillaient des fleurs pour faire un joli bouquet à leur grand-mère qui était un peu enrhumée et devait garder le lit.
Très occupés à cueillir les fleurs, ils ne firent pas attention et perdirent leur chemin. Heureusement, assez vite, ils aperçurent une petite maison au loin. De la fumée sortait de la cheminée, elle devait être habitée. Très contents, les trois ours se dirigèrent vers la maison. La porte était ouverte. Comme ils étaient très polis, ils frappèrent quand même et demandèrent : « Il y a quelqu'un ? On peut entrer ? » Comme personne ne répondait, ils entrèrent. C'était une jolie maison bien propre et bien rangée. Sur la table, il y avait trois bols remplis de chocolat et un plat de bons gâteaux au miel. Comme les ours avaient très faim, ils burent tout le chocolat et mangèrent les gâteaux.
Puis, comme ils étaient fatigués par leur promenade, ils s'assirent sur les trois chaises qui étaient autour de la table, mais ils étaient trop gros et trop lourds et ils cassèrent toutes les

chaises. Bien ennuyés et toujours aussi fatigués, ils décidèrent de chercher des lits pour se coucher. Ils montèrent à l'étage et trouvèrent une belle chambre dans laquelle il y avait trois lits avec des draps frais et propres et de gros oreillers. Les trois ours se couchèrent et s'endormirent aussitôt : « Ron-pschii, rron-pschii... »
Laissons-les tranquilles !
Oui, mais, savez-vous à qui appartenait cette petite maison ?
À Boucle d'or, bien sûr ! C'est elle qui habitait là, et elle avait invité ses amies le Petit Chaperon rouge et Blanche-Neige à passer quelques jours de vacances avec elle.
Pour leur goûter, elles avaient préparé un bon chocolat, mais comme il était un peu trop chaud, elles étaient parties faire un petit tour pendant qu'il refroidissait.
Quand elles rentrèrent de leur promenade et qu'elles virent leurs chaises cassées, elles se mirent en colère et dirent ensemble d'une grosse voix : « Oh, oh ! Quelqu'un est entré chez nous et a cassé nos chaises ! »
Elles s'approchèrent de la table et virent les bols de chocolat vides et là, elles dirent : « Et en plus, on a bu notre chocolat ! Saperlipopette, ça va aller mal, très mal, même ! »
Alors, Boucle d'or prit un couteau de cuisine, le Petit Chaperon rouge attrapa une hache. Seule, Blanche-Neige ne prit pas d'arme, car elle était très forte, elle avait fait du karaté au collège.
Ainsi préparées, elles montèrent l'escalier tout doucement à pas de loup.
Elles arrivèrent dans la chambre et s'approchèrent des lits.
Quand le Petit Chaperon rouge vit le gros papa ours endormi, elle eut si peur qu'elle laissa tomber sa hache. Le bruit réveilla les ours. Ils virent Boucles d'or armée d'un couteau et ils eurent tellement peur, eux aussi, qu'ils sautèrent par la fenêtre de la chambre sans emporter leurs fleurs. Ils s'enfuirent en courant très vite et sans se retourner. Je crois bien qu'ils courent encore !

SECONDE PARTIE

Les fiches pédagogiques

FICHE 1

Le lapin qui voulait se débrouiller tout seul

OBJECTIFS

• Savoir **nommer les différentes parties du corps.**

• Connaître le **nom des vêtements.**

• Faire exprimer en langage explicite **les différentes phases de l'habillement.**

• Savoir s'exprimer dans l'**ordre chronologique**, croissant et décroissant : *s'habiller, se déshabiller.*

DES PISTES DE TRAVAIL

• Après avoir raconté l'histoire, laisser les enfants s'exprimer librement, puis leur demander s'ils s'habillent de travers, comme le lapin, ou s'ils savent s'habiller partiellement seuls, comme des grands.

Si oui, demander à un volontaire de se déshabiller « comme chez le docteur » en gardant uniquement ses sous-vêtements et de se rhabiller. Tout en aidant un peu l'enfant, si besoin est, verbaliser chaque phase de l'opération et nommer les habits.

Dans un deuxième temps, demander aux enfants dans quel ordre ils mettent leurs vêtements lorsqu'ils s'habillent. Exemple : les chaussettes avant ou après les chaussures, la culotte sur ou sous le pantalon ?

• Inventer d'autres façons de s'habiller de travers, pour rire.

• Travailler sur la façon de s'habiller :
  – selon le temps qu'il fait.
  Exemple : met-on des gants l'été ?
  – selon l'endroit où l'on se trouve.

Exemple : l'été, on peut marcher pieds nus à la plage, mais pas dans un chemin de campagne.

• S'exercer à l'habillage dans le coin des poupées.

• Parler des habits que l'on aime et de ceux que l'on ne veut pas mettre. Dire pourquoi.

• Confectionner des albums de vêtements découpés dans des catalogues.

Les vêtements que l'on met :
  – quand il pleut ;
  – quand il fait chaud ;
  – quand il fait froid.

• Jouer à « Loup y es-tu ? »

• *Lotobois des vêtements* (voir le catalogue du Matériel éducatif Nathan : *Je m'habille*, 1, F. Lefeuvre ; *Je m'habille*, 2, L. Champdavoine, G. Mazeau.)

BIBLIOGRAPHIE

• *Il ne faut pas habiller les animaux*, Judi et Ron BARRET, Éd. L' École des Loisirs.

• *Mes habits préférés*, Shiegeo WATRATABE, Éd. du Sorbier.

• *Dis maman, si on le gardait ?*, A. SHAPIRO, P. Paris, Éd. Rouge et Or.

• *Regarde*, A. WILSON, Éd. Les Livres du dragon d'or.

• *Les musiciens de Brême*, Hans WILHELM, Éd. Kaléidoscope.

• *Por gua can*, Sara BALL, Éd. Nathan.

• *Les animaux jouent au cirque*, S. BALL, Éd. JA et T.

FICHE 2

Citron rouge cerises vertes

OBJECTIFS

• Acquérir le **vocabulaire** concernant les **couleurs** :
– à partir d'éléments bien connus des enfants. Exemple : lait, chocolat, etc.;
– à partir d'expériences réalisées en peinture.

DES PISTES DE TRAVAIL

• Après l'audition de l'histoire, réserver un temps pour le **jeu verbal**.

1. Imaginer d'autres **objets ou êtres familiers** qui auraient des couleurs incongrues.

Exemples :
– un chien rouge ;
– un saucisson blanc ;
– un papa vert ;
– une petite sœur à rayures.

2. Rechercher les **aliments** qui peuvent être de couleurs différentes.

Exemples :
– le chocolat noir ou blanc ;
– le citron jaune ou vert ;
– les pommes vertes, jaunes ou rouges.

3. Rechercher les **éléments** qui peuvent être de couleurs différentes. Pour cela, utiliser des supports de photos ou d'images.

Exemples :
– le ciel : bleu, blanc, noir ou orangé.
– l'eau de la mer et des rivières : bleue, verte, blanche.
– les feuilles : vertes, jaunes, rouges.

4. Rechercher ce qui a toujours la **même couleur**.

Exemples :
– le lait ;
– les haricots verts ;
– le charbon.

• Reprendre l'histoire en remettant **les couleurs à leur place**. Au besoin, s'aider d'un imagier ou mieux : apporter les éléments de l'histoire qui sont comestibles et, après avoir repéré leurs couleurs, les déguster.

– On peut ainsi aborder la notion de nuance, clair/foncé :

Exemple : en mélangeant du sirop de grenadine avec plus ou moins de lait.

– On peut aussi aborder la notion de goût :

Exemple : en apportant des pommes de différentes couleurs et en les goûtant ; elles sont plus ou moins acides, sucrées.

• **Fabriquer des albums.**

Rechercher dans des magazines tout ce qui est de la même couleur, le classer : les vêtements rouges, les jouets verts, les animaux gris, etc.
Les découper et les coller.

• **Jouer avec les couleurs.**

Exemple : rechercher et montrer tout ce qui est bleu, vert ou rouge :

– dans la classe ;
– dans les vêtements des enfants ;
– dans les livres de la bibliothèque de classe.

• **Rechercher les couleurs qui ont des « noms ».**
Exemples :

– rouge sang ;
– vert amande ;
– jaune citron ;
– bleu ciel ;
– noir d'encre ;
– blanc de neige ;
– orange.

• S'exercer d'une façon plus systématique **pour apprendre les noms de couleurs plus « difficiles ».**
Exemples :

– beige ;
– grenat ;
– turquoise ;
– kaki.

• Travailler en **peinture.**
Exemples :

– les camaïeux ;
– les mélanges (vert, orange, violet) ;
– les gris (avec du jaune, du rose, du vert).

Avec les plus grands :

• Travailler sur les **variations d'un ton.** (Extrait de *L' Esprit de la couleur*, G. BOUTE, Éd. Dessain et Tolra).

Par exemple : le jaune.

« On peut ajouter à ce ton du bleu en très petite quantité. La teinte obtenue sera un jaune verdâtre, de tonalité froide. Si l'on ajoute de plus en plus de bleu, la teinte passera au vert.

La pureté des tons sera identique, mais leurs valeurs augmenteront vers le foncé à mesure qu'ils approcheront du vert.

On peut aussi rompre plus ou moins le jaune avec plus ou moins de violet (couleur complémentaire). La valeur du jaune deviendra plus foncée, mais la coloration sera moins pure.

On peut dégrader le jaune vers le blanc : il sera moins pur mais plus lumineux.
Le rabattre vers le noir : il sera moins pur et moins lumineux. »

• Apprendre à fabriquer :

– un gris neutre (avec du noir et du blanc) ;
– un autre gris en mélangeant en quantité égale trois couleurs primaires : jaune, magenta, cyan.

BIBLIOGRAPHIE

• *Le magicien des couleurs*, Arnold LOBEL, Éd. L'École des Loisirs.

• *Petit bleu et Petit jaune*, Léo LIONNI, Éd. L'École des Loisirs.

• *Une histoire de caméléon*, Léo LIONNI, Éd. L'École des Loisirs.

• *La couleur*, coll. « Mes premières découvertes », Éd. Gallimard.

• *Petits points rouges*, ALTAN, Éd. L'École des Loisirs.

• *De quelle couleur ?*, Anthea SILVEKING, Éd. Père Castor-Flammarion.

• *Un lion jaune*, Dial BOOKS, Duculot.

• *Des couleurs et des choses*, Tana HOBAN, Kaléidoscope.

FICHE 3

Le chien qui miaule

OBJECTIFS

• Faire écouter et **reconnaître** aux enfants **des cris d'animaux**, puis les leur faire **imiter**.

• Étendre ou consolider leurs connaissances et leur **vocabulaire** concernant les **animaux**.

DES PISTES DE TRAVAIL

• Faire **classer** les animaux que les enfants connaissent, selon le critère de leur milieu de vie actuelle (ville, campagne, forêt, ciel, mer) ou selon leur origine (Asie, Afrique).

Cela peut être fait avec un **imagier**.

Leur faire imiter les cris de ces animaux en les enregistrant au magnétophone.

Puis, leur faire écouter les cris réels de ces animaux. Ils auront du mal à en reconnaître certains.

On peut se servir du *Loto sonore des animaux* (voir le catalogue du Matériel éducatif Nathan), en utilisant uniquement la cassette dans un premier temps.

• Chercher comment se nomme le cri ou le bruit émis par l'animal.

Employer les verbes adéquats :

– *caqueter* ;
– *bêler* ;
– *rugir* ;
– *hurler*, etc.

• Demander aux enfants de **changer les cris** des animaux comme dans l'histoire.

Exemple :

– un crocodile qui bêle ;
– un loup qui roucoule ;
– un serpent qui fait cocorico.

• Chercher les animaux qui vivent :

– sur terre ;
– dans l'eau ;
– dans le ciel.

puis :

– sur terre et dans l'eau :
– sur terre et dans le ciel.

Cette recherche pourra être faite en BCD par petits groupes. Les résultats seront répertoriés dans la classe avec le grand groupe.

• Prévoir des **visites au zoo**, dans des parcs animaliers, dans une ferme, au salon de l'agriculture, à l'aquarium, etc.; une documentation avec des diapositives ou/et des cassettes vidéo.

• Après avoir écouté l'histoire plusieurs fois, les enfants prendront plaisir à la jouer et à la **mimer**.

• **Fabrication de masques** :

– Récupérer des boîtes à chaussures ou des boîtes alimentaires qui couvrent le visage.

– Percer les trous pour les yeux et le nez et décorer avec des matériaux variés pour représenter un animal : chat-oiseau-lion-éléphant, etc.

– Pour faire tenir le masque, on percera deux trous et on mettra un élastique.

• **Maquillage** :

– Amener les enfants à maquiller un camarade ou à se maquiller devant une glace, en cherchant à représenter un animal.

– On peut leur proposer d'observer les images de livres de maquillage.

BIBLIOGRAPHIE

• *Nous, les mammifères*, coll. « Les yeux de la découverte », Éd. Gallimard.

• *La parade des animaux*, National Geographic, Éd. Albin Michel.

• *Curieux animaux des mers*, National Geographic, Éd. Albin Michel.

• *Crocuphant*, Sarah BALL, Éd. Nathan.

• *Quel bruit*, Anthea SILVEKING, Éd. Père Castor-Flammarion.

• *Animaux à la carte*, Yvette JENGER, Éd. Nathan.

Maquillage :

• *Maquillage en fête*, Jacqueline RUSSON, Éd. Gründ.

• *Maquillage de fantaisie*, Yvonne et Harald NADOLNY, Éd. Dessain et Tolra.

• *1,2,3, je crée de drôles de têtes,* Marion ELLIOT, Bellinda HODSON, Éd. Sélection du Reader's digest.

FICHE 4

Le bonhomme pauvre, laid, maigre et bête

OBJECTIFS

• Faire acquérir aux enfants la **notion de contraire et de contradictoire**.

• Enrichir leur **vocabulaire**.

• Faire des **expériences pratiques** à partir de notions abstraites.

DES PISTES DE TRAVAIL

• Après avoir raconté l'histoire aux enfants, leur faire **rechercher des contraires**.

Leur donner un mot pour qu'ils trouvent son contraire.

Exemple : *bon/méchant*.

• Commencer par des mots qui permettent des expériences concrètes et qui favoriseront l'éducation sensorielle de l'enfant.

Exemples :

1. Mesurer, peser avec une balance, un mètre, une toise :
- *court/long* ;
- *lourd/léger* ;
- *petit/grand* ;
- *plein/vide* ;
- *large/étroit* ;
- *maigre/gros*.

2. Le toucher :
- *dur/doux* ;
- *chaud/froid* ;
- *sec/mouillé*.

3. Le goût :
- *sucré/salé* ;
- *fade/acide*.

4. La vue :
- *éteint/allumé* ;
- *clair/foncé* ;
- *rapide/lent* ;
- *ouvert/fermé* ;
- *brillant/terne*.

5. L'ouïe :
bruyant/silencieux.

• Passer à des notions plus abstraites et subjectives. Les illustrer par des contes de fées ou des histoires.

Exemples :

1. Sale/propre :
   – *Peau d'âne*, conte de Perrault.
2. Pauvre/riche :
   – *Mont Simeli*, conte de Grimm (l'équivalent d'*Ali Baba et les 40 voleurs*) ;
   – *Le pauvre et le riche*, conte de Grimm ;
   – *Le petit moulin*, histoire de S.- C. Bryant.
3. Intelligent/bête :
   – *Madame Hollé*, conte de Grimm ;
   – *Riquet à la houppe*, conte de Perrault ;
   – *Le petit chacal et le vieux crocodile, Épaminondas et sa marraine*, S.-C. Bryant.
4. Méchant/gentil :
   – *Cendrillon*, conte de Perrault ;
   – *Les Fées*, conte de Grimm.
5. Laid/beau :
   – *Riquet à la houppe*, conte de Perrault.

• Faire chercher aux enfants des notions contradictoires, comme dans l'histoire : un joli monstre et une fée laide.

Exemple : une plume lourde, un parfum qui sent mauvais, un petit papa et un grand enfant.

BIBLIOGRAPHIE

• *Contes pour les enfants et les parents*, tomes I, II, III, de Jakob et Wilhelm GRIMM, coll. « Renard Poche », L'École des Loisirs.
• *Les Contes de Perrault*, illustrés par Gustave Doré, Éd. Hetzel et Cie libraires-éditeurs.
• *Comment raconter des histoires à nos enfants*, S.-C. BRYANT, Éd. Nathan.
• *Les contraires*, Rosalinda KIGHTLEY, Gründ.
• *L'album des contraires*, P. SPIER, Éd. Circonflexe.

FICHE 5

Drôle de goûter

OBJECTIFS

• **Exercer** et **affiner le sens olfactif et le sens gustatif**.
• Enrichir le **vocabulaire sensoriel**.

DES PISTES DE TRAVAIL

• Travailler sur *le sucré, le salé, le fade*.

Mettre dans des pots du sucre, du sel, de la farine. Faire goûter à l'aveugle, faire toucher, faire sentir.
Rechercher dans un livre de recettes de cuisine les plats salés et les plats sucrés.

• Travailler sur le sens d'**amer**, d'**acide**.

Goûter :
– de la levure (amère) ;
– une pomme (acide) ;
– du citron (plus acide).

• Goûter des liquides de mêmes couleurs contenus dans des flacons identiques.

Deviner ce qu'est :
– de l'eau très légèrement sucrée, puis salée ;
– de la tisane ;
– de l'eau très légèrement vinaigrée ;
– des sirops incolores.

Aborder avec les enfants la notion de poison et l'éducation aux dangers domestiques.
On ne goûte ces liquides et ces substances que parce que la maîtresse sait que ce n'est pas du poison. Il ne faut jamais goûter quelque chose que l'on ne connaît pas.

• Travailler sur les odeurs.

Fabriquer des boîtes d'odeurs avec des récipients identiques contenant des cotons imbibés de différentes odeurs, et recouverts d'un nouveau morceau de coton pour éviter que l'enfant ne reconnaisse à la couleur.
On pourra faire sentir : du café, du parfum, de l'ail, de l'extrait de vanille, de l'alcool de menthe, etc.
Si l'on préfère, on peut se servir d'un matériel commercialisé :
« *Nez des enfants* », Jean Lenoir, CAMIF, qui comporte vingt-quatre flocons d'odeurs sur les thèmes : Fleurs et fruits, Herbes et épices, Odeurs domestiques, Odeurs d'éveil.

BIBLIOGRAPHIE

• *Préférerais-tu ?*, John BURNINGHAM, Père Castor-Flammarion.
• *C'est quoi le goût ?*, Kate PETTY, Lisa KOPPER, Éd. Gamma.

FICHE 6

Le Père Noël est passé en été

OBJECTIFS

• Faire prendre conscience :
  – du **rythme** et des **caractéristiques des saisons**,
  – de la **chronologie**.

• Travailler sur le **souvenir**.

DES PISTES DE TRAVAIL

Ménager un moment pour parler de l'histoire et du Père Noël.

• Faire rechercher d'**autres situations farfelues**.

Exemple : se baigner dans la mer en hiver, mettre des sandales pour marcher dans la neige, mettre son manteau et sa cagoule en été, aller à l'école la nuit et dormir le jour, prendre son petit déjeuner le soir et son dîner le matin, manger le dessert avant la soupe.

• Travailler sur les **saisons**.

– Rechercher ce qui est propre à chaque saison.

– Faire des relevés de température qu'on comparera par saison.

– Faire la liste des fruits et légumes qui poussent et mûrissent à chaque saison.

– Rechercher ce qu'on sème dans le jardin de l'école et noter la période de production.

– Savoir à quel moment les oiseaux construisent leur nid, quand ils couvent, quand naissent les oisillons.

– Repérer l'arrivée et le départ des hirondelles.

– S'intéresser aux oiseaux qu'il faut nourrir en hiver.

– Se documenter sur les plantations d'automne, suivre la pousse des plantes et noter les moments de la floraison.

Selon la période de l'année où l'on aborde ce sujet, faire un retour avec les enfants sur ce qui s'est passé depuis la rentrée.

En septembre, il fait encore chaud, on met un pull pour sortir.
En automne, on se couvre davantage. Les jours raccourcissent, les feuilles des arbres de la cour tombent.
En hiver, on se lève quand il fait nuit, on se couvre bien. On ne reste pas longtemps dans la cour de récréation parce qu'il fait trop froid ; à 18 h, après le goûter, il fait déjà nuit, etc.

• Travailler sur la **chronologie** et le **rythme**. Matérialiser les jours de la semaine et les activités de la journée par des tableaux dans la classe.

– Le nom des jours sera écrit.

– Pour représenter les activités, les enfants pourront rechercher des images ou des photos représentant ces moments ou bien trouver une représentation symbolique de ces moments.

La manipulation quotidienne de ce semainier aidera les enfants à enrichir leur vocabulaire quant à :

– la structuration du temps ;
– la notion de succession dans le temps ;
– la notion du temps écoulé et du temps à venir.

• Travailler sur le **souvenir**.

« *Quand on était des bébés…* »

Demander aux parents de prêter des photos et des enregistrements.

• Parler :

– des bêtises qu'on faisait quand on était bébé ;

– de tout ce qu'on ne savait pas faire ;

– de ce que l'on a appris depuis qu'on va à l'école ;

– de la façon dont on grandit.

Par exemple : s'habiller tout seul, manger proprement, mettre ses chaussures, etc.

– Faire un tableau dans l'école avec les photos des maîtresses, ASEM, gardienne, etc., quand elles étaient des bébés. Essayer de les reconnaître.

• Parler aussi du **futur**.

– ce que l'on aura le droit de faire quand on sera grand ;
– ce que l'on pourra manger et boire ;
– le métier que l'on aimerait faire ;
– ce qu'on s'achètera quand on aura de l'argent.

BIBLIOGRAPHIE

• *L'heure et le temps qui passe*, « Mes premières découvertes », Gallimard.
• *Le temps*, « Mes premières découvertes », Gallimard.

Récit n° 7: page 32

FICHE 7

Le pays où tout est permis

OBJECTIFS

• **Instaurer des règles de vie dans la classe.**

• Rappeler celles qui sont instaurées à l'école.

• Faire évoquer aux enfants les **règles de comportement** établies par les parents :
 – dans la rue,
 – à la maison,
et les renforcer.

DES PISTES DE TRAVAIL

• Après l'audition de l'histoire, réserver du temps pour répondre aux questions. Demander aux enfants d'argumenter leurs réponses.

Le but est que les enfants ressentent, voire même réclament, la nécessité d'une règle établie pour vivre plus harmonieusement en société, et qu'ils établissent eux-mêmes les règles. Ils les feront respecter d'autant plus sévèrement qu'ils les auront décrétées.

• **Règles de vie de l'école :**
 – dans les escaliers ;
 – dans la cour ;
 – avec le matériel de gymnastique.

• **Règles de vie de la classe.**
Faire créer des règles aux enfants :
 – pour prendre la parole en groupe ;
 – pour jouer ;
 – pour ranger ;
 – pour accomplir les petites tâches de la classe (arrosage des plantes, distribution de lait et préparation de la collation*) .

Matérialiser les règles dans des tableaux avec des dessins simples ou des symboles créés par les enfants.

• **Règles d'hygiène :**
1. Pour soi-même :
 – ne pas manger de sucreries, encore moins avant les repas ;
 – se laver les mains avant de passer à table ;
 – se laver les dents après les repas ;
 – se coucher de bonne heure ;
 – manger de tout (au moins, goûter !).

* Voir *Séquences autour de la collation avec les 2/6 ans*, coll. « Une année de… », Éd. Nathan.

2. Pour les autres :
– se moucher, se laver, se coiffer ;
– ne pas cracher ;
– ne pas faire pipi n'importe où.

• **Règles de civisme :**
– dire bonjour, merci, au revoir ;
– laisser passer les autres ;
– ramasser ce qui est à terre, même si on ne l'a pas fait tomber soi-même ;
– tenir une porte ;
– écouter les autres ;
– aider.

• **Règles de gentillesse :**
– partager, prêter ses affaires ;
– ne pas se battre, ne pas battre les plus petits ;
– jouer avec tout le monde ;
– aider ceux qui ont des difficultés ;
– ne pas se moquer des autres ;
– ne pas rapporter.

• **Recherche des dangers :**
1. Dans la rue :
– ne pas traverser tout seul ;
– ne pas partir avec des inconnus ;
– ne pas toucher tous les chiens dans la rue.

2. À la maison :
– ne pas se pencher par la fenêtre ;
– ne pas toucher aux médicaments ;
– ne pas boire ou manger ce qu'on ne connaît pas ;
– faire attention à ce qui coupe, ce qui brûle, à l'électricité et au gaz.

Lorsque l'on pense au nombre d'enfants victimes d'accidents domestiques, de nos jours, il ne semble pas superflu de traiter ce sujet à l'école.

BIBLIOGRAPHIE

• *La civilité puérile et honnête*, expliquée par l'oncle Eugène et illustrée par M. Boutet de Monvel, Éd. Gautier-Languereau.

Même si le livre est désuet et destiné à des petits enfants bourgeois du début du siècle, certaines recommandations restent encore valables. Le reste peut servir à évoquer la vie des enfants au temps jadis. Et les illustrations sont superbes.

FICHE 8

Le lapin qui regardait derrière lui en marchant

OBJECTIFS

• Apprendre à utiliser le **vocabulaire spatial**, les adverbes de lieu.

• Apprendre à **se repérer dans l'espace** :
– par rapport à autrui,
– par rapport aux objets.

• Apprendre à **connaître son corps et ses positions***.

DES PISTES DE TRAVAIL

• Réserver un moment après l'audition de l'histoire pour l'exploiter et **inventer** d'autres situations incongrues.

Exemple :
– monter en bas ;
– mettre son chapeau sous la tête, etc.

• Utiliser le **vocabulaire spatial dans la salle de motricité**.

1. Avec du matériel :
– *caissette* : monter dessus, sauter par-dessus, passer à côté ;
– *cerceau* : tourner autour, sauter dedans, marcher dessus, passer à travers, s'y asseoir pieds dedans, fesses dehors ;
– *ballon* : le porter derrière le dos, sous le bras, sur l'épaule, le faire rouler loin, près.

2. Sans matériel :
Lors des déplacements, veiller à employer toujours le même vocabulaire :
– se ranger le long du mur ;
– attendre : en bas de l'escalier,
au pied de l'escalier,
en haut des marches ;

En salle de motricité lors de la mise en train :
– mettre ses mains derrière le dos, sur le ventre ;
– tenir ses bras tendus devant soi, sur le côté, en l'air, en bas ;
– courir *partout* dans la salle ;
– faire des jeux de relais.

* Voir *Schéma corporel avec les 3/4 ans*, coll. « Une année de... », Éd. Nathan.

• Continuer ce travail dans la classe.

1. Avec des photos des enfants en activité dans la classe ou dans la cour :

– savoir dire qui est : à côté de X,
devant X,
derrière X,
entre X et Y.

– savoir dire si la photo a été prise à l'intérieur ou à l'extérieur.

2. En organisant des jeux. Donner des ordres verbaux par ordre de difficulté croissante :

– « *Va poser un crayon sur la table* » ;

– « *Mets la boîte sur la table et mets-toi devant la table* » ;

– « *Va prendre le livre sur la table, porte-le à la fenêtre et reviens devant la porte.* »

Pour mémoire, et afin de ne pas trop demander aux enfants, pour ne pas être déçu par les résultats obtenus, nous relirons avec profit les conclusions sur la connaissance des positions spatiales extraite du livre de G. Ribière, J. Arnaud, F. Breschi, R. Beccari, *Conquête et élaboration du langage chez l'enfant de 18 mois à 5 ans*, Éd. Nathan.

En effet, il apparaît que : « *À 3 ans, l'enfant est capable de mettre un objet " dans " et " sur ", mais il ne comprend pas la signification spatiale de ces mots ; il est entraîné par le dynamisme moteur de " mettre " ; s'il est en présence d'un contenant, il met l'objet " sur ". Cette action du " dans " et du " sur " commence à 18 mois et est réalisée à 2 ans. La compréhention de la signification spatiale commence à 2 ans 2 mois, mais est vraiment réalisée à 3 ans.*

La spatialisation de " sous "– " devant "– " derrière " commence à 3 ans, 3 ans 6 mois, et est intégrée à 5 ans.

• **Situation dans l'espace :**

La spatialisation de " haut " précède celle de " bas " ; celle-ci commence à 2 ans 8 mois, celle-là à 2 ans 4 mois, et les deux sont intégrées à 3 ans 2 mois.

• **Corps dans l'espace :**

L'ordre de se déplacer pour mettre un objet " sur "quelque chose est intégré à 3 ans.

L'ordre de se déplacer pour " mettre " dans l'espace soit deux objets, soit un objet et soi-même – et cette action se faisant avec les positions sur-sous-devant – est intégré entre 4 ans 6 mois et 5 ans.

La situation " entre " et " derrière " devant être réalisée soit avec deux objets, soit avec un objet et soi-même, n'est pas encore intégrée à 5 ans.

Cette même situation devant être réalisée avec trois objets n'est pas intégrée à 5 ans, et cela même pour des positions plus faciles de " sous " et " dans ".

L'action devant utiliser la notion de droite et de gauche n'est pas réalisable à 5 ans. »

Il semble donc opportun de faire faire beaucoup d'exercices de ce type sous forme de jeux et par ordre de difficulté croissante.

• **Utiliser des jeux :** *Atelier topologie 1 et 2*, M. Cathala, D. Vanhove, Nathan (voir le catalogue du Matériel éducatif).

BIBLIOGRAPHIE

• *Où, précisément ?*, Tana Hoban, Éd. Kaléidoscope.

• *Sens dessus dessous*, Bernard Legoux, Éd. Circonflexe.

FICHE 9

Irma la petite sorcière

OBJECTIFS

- Savoir **réciter la suite des nombres.**
- **Faire inventer des comptines.**

DES PISTES DE TRAVAIL

• Après l'audition de l'histoire, on peut écrire sur le tableau ou sur un grand panneau les chiffres croissants de 1 à 12 puis décroissants de 12 à 1.

Les chiffres sont croissants quand la sorcière monte dans le ciel, et décroissants quand elle redescend sur terre.

Il est alors aisé de raconter l'histoire en montrant les chiffres aux enfants lorsqu'ils sont nommés dans l'histoire.

12
11 11
10 10
9 9
8 8
7 7
6 6
5 5
4 4
3 3
2 2
1 1

Avec les plus grands, on peut convenir d'un dessin en face de chaque chiffre. Il faudra décider en commun d'une représentation pour ce qui est abstrait.

On recherchera des signes pour les secondes, les minutes, les coups de cloche, la chanson.

Ainsi les enfants pourront **reconstituer l'histoire** à l'aide des chiffres et des dessins.

• En gardant les chiffres et en faisant d'autres dessins :

– on peut **inventer d'autres histoires**,
– on peut **apprendre à compter à l'envers**.

• Quand l'histoire est bien connue des enfants, on peut la raconter en marquant un temps d'arrêt au moment de dire les chiffres.
Les enfants sauront les dire eux-mêmes.

• À partir de là, on peut apprendre aux enfants des comptines numériques telles que :

① Pomme, poire, abricot
y'en a une, y'en a une
pomme, poire, abricot
y'en a une de trop
dans la cuiller à pot
une c'est pour toi les prunes
deux c'est pour toi les œufs
trois c'est pour toi les oies
quatre c'est pour toi la claque.

② Une oie, deux oies, trois oies... sept oies
(c'est toi)
Une aile, deux ailes, trois ailes... sept ailes
(c'est elle).

③ 1, 2, 3 lève-toi
4, 5, 6 mets ta chemise grise
7, 8, 9 ton pantalon neuf
10, 11, 12 tes belles bottes rouges.

④ 1, 2 des œufs
3, 4 du plâtre
5, 6 du buis
7, 8 des huîtres
9, 10 du cassis.

⑤ 1, 2, 3 un parquet de bois
4, 5, 6 des clous et des vis
7, 8, 9 un ballon tout neuf
10, 11, 12 un mur de brique rouge
et une grande échelle pour aller au ciel.

... et tant d'autres...

Quand la structure rythmique sera bien intégrée par les enfants, quand ils auront l'habitude de les entendre, de les dire, ils trouveront facilement des mots qui « riment » avec 3, 6, 9, 12.

Ils auront aussi l'habitude intuitive de **rythmer** la suite des nombres et la **création de comptines numériques** nouvelles se fera facilement et avec grand plaisir.

Remarque :

Pour Piaget : « *La numération parlée, que le milieu social impose, parfois, à l'enfant demeure toute verbale et sans signification opératoire.* »

L'ambition ici n'est donc pas mathématique.

Elle se rapproche plutôt du rôle de la comptine numérique ; elle est ludique.

Elle peut aider l'enfant dans la *pratique* du comptage, lui procurer du plaisir à dire grâce au rythme et aux sonorités et du plaisir à « dire ensemble ».

BIBLIOGRAPHIE

• *Un lion jaune*, Dial BOOKS, Duculot.
• *Dix petits lapins*, V. GROSSMAN, S. LONG, Éd. Gautier-Languereau.
• *Dix petits amis déménagent*, Mitsumasa ANNO, Éd. L'École des Loisirs.
• *Combien ?*, Anthéa SIEVEKING, Éd. Père Castor-Flammarion.
• *La chevrette qui savait compter jusqu'à 10*, Akiko HAYASHI, Éd. L'École des Loisirs..
• *Pour compter " à l'envers " : Dix petits crocodiles*, Colin WEST, Éd. Gründ.

FICHE 10

La Grande Ronde

OBJECTIFS

• Faire **jouer avec les formes** :

– pour acquérir **le vocabulaire spécifique des figures géométriques**,

– pour aborder la **notion de composition et d'organisation de l'espace**.

3

DES PISTES DE TRAVAIL

• Préparer toute une série de cercles, triangles, carrés, rectangles, de différentes tailles et découpés dans du Canson blanc et de couleur.

– Demander aux enfants de **refaire le bonhomme** de l'histoire, puis d'autres bonhommes fabriqués avec le même nombre d'éléments.

Plusieurs combinaisons sont possibles.

1

2

4

5

Demander aux enfants de **nommer les figures géométriques** qu'ils ont choisies et d'expliquer leurs positions.

Exemple : *devant, sur, sous, dans*, etc.

• Laisser les enfants jouer avec les formes pour faire d'autres sujets.
Exemple : collier, voitures, vélos, robots, etc.

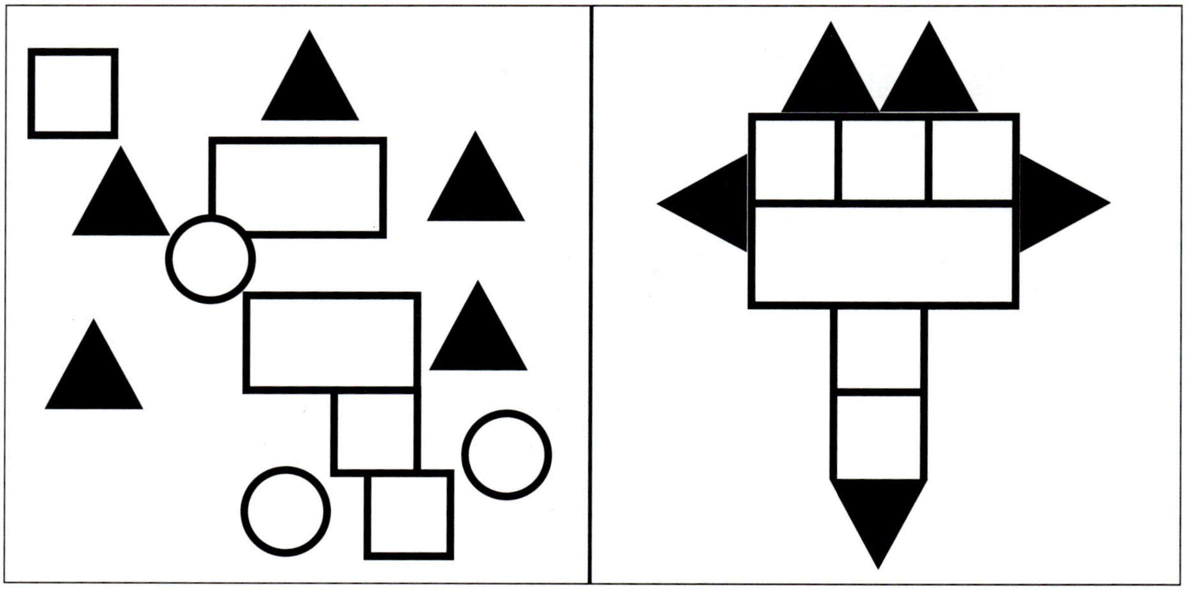

À cet effet, il sera plaisant pour les enfants d'utiliser un tableau avec ces formes magnétiques ou le jeu *Géométrix*, (voir le catalogue du Matériel éducatif Nathan).

• Dans un deuxième temps, introduire de la **documentation** (affiche, livre d'art, publicité) dans laquelle on retrouve au moins une figure géométrique, quelle que soit la manière dont elle a été exploitée par les artistes.

Demander à l'enfant de disposer sur une feuille support choisie par lui, les formes, comme il le voudra mais de manière à ce qu'il y ait un contraste entre la forme et le fond. Autrement dit, il faut que la couleur de la forme se détache bien du fond. Laisser suffisamment de temps aux enfants pour qu'ils organisent des formes en occupant tout l'espace dont ils disposent.

Une fois les **compositions réalisées**, laisser coller les formes géométriques sur le support. Ici la consigne est de ne pas faire quelque chose de figuratif.

BIBLIOGRAPHIE

• *Les formes*, coll. « Mes premiers pas », Éd. Gründ.

• *C'est quoi, les formes ?*, Kate PETTY ET Lisa KOPPER, Éd. Gamma.

• *Le petit chaperon rouge*, Warja LAVATER, Éd. Adrien Maeght.

• *Les peintres à l'école*, n° 1 et n° 2, P. Dufayet, Éd. Nathan.

FICHE 11

Le rêve de Rose

OBJECTIFS

• Par le biais de l'histoire, et en évoquant le vécu télévisuel des enfants, faire une **approche** de quelques **messages publicitaires**.

• Travailler sur quelques publicités écrites ou projetées par le maître : faire comprendre le sens du message.

• S'essayer à réaliser **quelques publicités** sur des produits qui plaisent aux enfants.

• S'essayer à faire des **slogans**.

• Tenter des **expériences vidéo**.

DES PISTES DE TRAVAIL

• Après l'audition de l'histoire, s'amuser à la continuer **en inventant d'autres spots**.

Rechercher des personnages de contes connus des enfants et les produits qu'ils pourraient vanter.

Exemples :

– Le Petit Poucet pourrait parler d'une marque de bottes, plus légères, plus rapides, qui s'adaptent automatiquement à la taille du pied lorsqu'on les enfile.
– Cendrillon pourrait s'occuper des produits d'entretien : un aspirateur léger et silencieux pour les cendres de l'âtre, des détergents sur puissants qui éviteraient de frotter.
– La belle au bois dormant pourrait vanter un médicament qui empêche de dormir et un fuseau avec lequel il est impossible de se piquer.
– Barbe bleue s'intéresserait plus particulièrement aux serrures impossibles à ouvrir...

• Introduire un travail sur la publicité selon l'âge des enfants :

1. Avec les enfants de **petite section**, travailler avec des emballages de produits alimentaires ou d'hygiène, connus des enfants.
Les tris seront faits selon l'identification du produit :
– trouver des critères ;
– découvrir des indices de reconnaissance de lecture ;
– afficher dans la classe les publicités correspondant aux emballages ;
– faire établir par l'enfant des relations entre emballages et images.

2. Avec les enfants de **moyenne section**, travailler avec des publicités découpées dans les journaux :
– lecture d'images ;
– recherche d'indices permettant la compréhension ;
– déformation de l'image ;

– modification ;

– création par les enfants d'affiches : textes et images pour annoncer un événement à l'école (fête, braderie, vente de gâteaux, etc.).

3. Avec les enfants de **grande section**, s'ils sont passés par les étapes précédentes, créer des spots publicitaires.

– Faire utiliser le discours publicitaire qui vante tel ou tel produit sur un mode plaisant.

Mise en œuvre :

– Demander aux enfants de choisir un produit parmi les emballages qui sont dans la classe et de trouver une idée pour le présenter, en mettant en évidence ses mérites.

– Mettre au point le texte, rechercher ce qui peut faire la différence entre le produit choisi et un autre similaire. Commencer par un travail de comparaison. Lorsque l'on aura bien recensé tous les éléments, noter ceux qui doivent être retenus pour le message. Il doit être court et efficace. Plusieurs textes peuvent être consignés. Le groupe choisira celui qu'il préfère.

– Enregistrer le spot dit par un enfant volontaire, à l'aide d'un caméscope. Les autres enfants seront spectateurs. Si tous les enfants ont envie d'être enregistrés, on peut le faire, à condition de respecter la consigne : dire exactement le texte qui a été retenu.

– Revoir la cassette avec les enfants pour critiquer :

- l'élocution,
- le maintien devant la caméra.

– Comparer avec des vrais spots choisis et enregistrés par le maître et qui vantent le même produit. (Il est plus simple de travailler sur les produits alimentaires et ménagers que sur les voitures ou les banques...)

– Améliorer.

Après avoir bien regardé les spots, essayer de rajouter de la musique, des décors, corriger le ton, effectuer des gros plans.

Le texte : mieux expliquer les vertus du produit, dire où on peut se le procurer, faire intervenir un deuxième personnage (comme dans les pubs de lessive) et créer le dialogue entre les deux personnes. Chanter le texte si l'on veut.

• Quand les enfants seront bien rôdés, leur demander de créer un spot pour un produit qu'ils inventeront.

Exemples :

– une eau minérale qui rend beau ou sage ;

– un fromage qui fait grandir (on se mesure avant et après en avoir consommé !).

BIBLIOGRAPHIE

• *L'enfant et la publicité*, J.-N. KAPFERER, Éd. Dunod.

Récit n° 12 : page 44

FICHE 12

Rose rêve encore

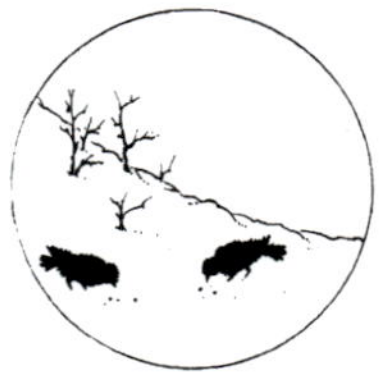

OBJECTIFS

• À partir d'un jeu de l'imagination, faire retrouver aux enfants l'**origine** des objets, matières, aliments qui leur sont familiers.

• Leur faire **prendre conscience** de ce que deviendrait leur univers si des éléments venaient à manquer : que serait la vie sans télévision, sans voiture, sans avions, etc.

DES PISTES DE TRAVAIL

• **Faire inventer des jeux** oralement puis, si l'on veut, en dessiner les éléments sur des petits cartons pour jouer.

Exemple : Si la poule disparaissait, il n'y aurait plus ...

poule —> œuf plume oreiller

Regrouper ainsi :

– les aliments
vache —> lait
raisin —> vin, fruit
animaux —> viande ;

– les matières
mouton —> laine
arbre —> bois, papier
pierre —> montagne, statues
or —> argent (monnaie) ;

– les éléments
soleil —> le monde serait dans le noir, il n'y aurait plus de végétation,
feu —> on ne pourrait plus cuire les aliments, ni se chauffer.
eau —> pas de mers, de rivières, plus de poissons, de bateaux.

• Jeux d'imagination pure :

Que se passerait-il si :

- les enfants disparaissaient ?
- les mamans disparaissaient ?
- les frères et sœurs disparaissaient ?
- les maîtresses disparaissaient ?

– Dire ce qu'on aimerait faire disparaître avec une baguette magique :
Les enfants ne manqueront pas d'évoquer tout ce qui leur paraît désagréable dans la nourriture, comme dans ce qu'ils doivent faire à la maison, en particulier le rangement des jouets et des vêtements. Il est probable qu'ils évoqueront également le médecin et ses piqûres, le coiffeur

et ses ciseaux qui tirent les cheveux, les fessées dont ils parlent souvent, même si elles ne leur sont plus administrées.

• Dire tout ce qu'on aimerait faire apparaître grâce à une baguette magique :

– crèmes et gâteaux, bonbons, glaces, etc. ;
– tous les jouets qu'on voit à la télévision ou dans les magasins ;
– des petits frères ou des petites sœurs ;
– des copains pour jouer.

• Prévoir de montrer aux enfants un **spectacle de magie** à l'école.

• **Apprendre des petits tours de magie** simples pour les faire devant les enfants.

Exemple : le tour de « la pièce empaquetée ».

1. Poser une pièce de monnaie sur un carré de papier. Replier la partie inférieure du carré par-dessus la pièce. Laisser dépasser de 1 cm la partie du papier qui se trouve sous la pièce.

2. Replier les deux côtés vers l'arrière.

3. Replier également vers l'arrière le bord supérieur large de 1 cm.

4. La pièce paraît bien empaquetée pourtant le « sachet » est ouvert.

5. Retourner le sachet sans lâcher la pièce : l'ouverture donne alors vers le bas.

6. Frapper la pièce contre un objet pour prouver qu'elle est là.

7. La laisser glisser dans la main sans que les enfants s'en aperçoivent.

8. Déchirer le sachet : il est vide, la pièce a disparu.

• Apprendre aux enfants à jouer à cache-tampon ou à cache-cache.

BIBLIOGRAPHIE

• *90 tours de magie*, Peter ELDIN, Éd. Pélican.

• *Tours de prestidigitation*, Fay PRESTO, Éd. Gründ.

• *Les petits magiciens font des tours*, Lawrence LEYTON, Éd. Larousse.

• *1, 2, 3 je crée mes tours de magie,* Marion ELLIOT, Belinda HODSON, Éd. Sélection du Reader's digest.

FICHE 13

Pierre et son lit

OBJECTIFS

• À partir de l'histoire, **inventer d'autres situations** et en développer les conséquences.

• **Animer des objets**, c'est-à-dire leur prêter une âme : les faire bouger, mais aussi parler, réagir.

• Aboutir à la **fabrication de marottes** ou de marionnettes qu'on animera.

• Réaliser un jeu dramatique :
– Organiser un moment de langage au cours duquel on amènera les enfants à raconter leurs rêves. S'ils ont peu de choses à dire, imaginer collectivement un rêve ou des aventures extraordinaires.
– Leur donner un rôle et chacun inventera propos et actions spontanées au cours du jeu. L'intérêt de ce moment réside dans l'improvisation tant au point de vue moteur que verbal : Le voyage dans le ciel où l'on rencontre le Père Nöel et où l'on va sur la Lune en astronaute permet une réalisation à variantes, surtout si l'on fait jouer deux ou trois groupes de huit à dix enfants, successivement.

DES PISTES DE TRAVAIL

• **Imaginer** que l'on fait bouger tout ce qui est immobile :
– les statues marchent ;
– une maison va s'installer autre part ;
– les meubles se mettent à danser.

• **Immobiliser** tout ce qui bouge :
– les voitures, trains, avions, bateaux. Ils deviennent des maisons, des refuges pour les animaux.
– Les gens deviennent des statues.
– Le temps s'arrête (comme dans *La Belle au bois dormant*).

• **Animer des objets :**
Leur prêter la parole, le mouvement et des sentiments.
Exemple : imaginer un dialogue entre :
– une feuille de papier et un crayon ;
– deux chaussures ;
– la pluie et le feu.

• **Fabriquer des marionnettes** (avec pâte à papier, laine, collants, baguettes, etc.) et créer des scénarios où les personnages et les objets sont mêlés et parlent de la même façon.

• Utiliser le **théâtre d'ombres chinoises** sans paroles qui favorise également l'animation d'objets.

DOCUMENTATION

• « L'apprenti sorcier », *Fantasia*, Walt Disney.

• « La danse des petits pains », *La Ruée vers l'or*, Charlie Chaplin.

• Certains passages des films de Walt Disney, *Alice au pays des Merveilles*, *La Belle et la bête*, *Le magicien d'Oz*.

• Des personnages qui s'animent :
– Pinocchio ;
– Le petit prince Pain d'épice.

BIBLIOGRAPHIE

• Deux contes des frères Grimm :
– *Le fuseau, la navette et l'aiguille* ;
– *Table couvre-toi, âne d'or et bâton hors du sac.*

• *Contes pour les enfants et les parents*, vol. 1 et 3, coll. « Renard poche », Éd. L'École des Loisirs.

Récit n° 14 : page 49

FICHE 14

Le bonhomme à l'envers

OBJECTIFS

• Faire acquérir la **notion de « à l'envers » et de contraire** :
– par des jeux de langage ;
– par des exercices ou des expériences.

DES PISTES DE TRAVAIL

• Après l'audition de l'histoire, la relire lentement et la faire remettre par les enfants, dans un langage exprimant la réalité : en fait, le bonhomme ne parle pas vraiment à l'envers, car ce serait trop compliqué pour les enfants. Il dit le contraire de ce qu'il doit dire.

On peut cependant essayer de faire parler les enfants en choisissant des mots simples de deux syllabes qu'ils vont inverser :
bonjour —> *jourbon*
merci —> *cimer*
maîtresse —> *tresse-mai*, etc.

• Recherche des situations « à l'envers » :
– manger à l'envers : commencer par le dessert et finir par la soupe ;
– s'habiller à l'envers : mettre son pantalon avant son slip, enfiler ses chaussures le talon vers la pointe ;
– regarder un album à l'envers, le bas du livre en haut, commencer par la dernière page.

• **Motricité** :
– marcher en arrière,
– jeter le ballon derrière soi,
– sauter à reculons,
– monter l'escalier à reculons.

• **Découpage**, collage à l'envers. Rechercher et découper dans des magazines des personnages et des objets et les coller la tête en bas.

• Imaginer des situations à l'envers dans la nature :
– les fleurs poussent la tige vers le haut ;
– la pluie ne tombe pas, elle remonte, etc.

• **Une petite expérience** : dans une cuvette d'eau, faire tomber une balle en mousse au fond de l'eau et faire remonter une balle de ping-pong maintenue au fond.

• Pour s'amuser, repasser une **cassette vidéo**, de Charlot par exemple, à l'envers et lentement. Succès garanti.

BIBLIOGRAPHIE

• *Monsieur à l'envers, Madame contraire*, coll. « Bonhomme », Roger HARGREAVES, Hachette jeunesse.

FICHE 15

Contes défaits et salade de contes*

OBJECTIFS

• Utiliser le conte traditionnel comme point de départ pour un **nouveau récit**.

• Stimuler l'enfant pour qu'il **imagine en toute liberté à partir de bases solides** et bien intégrées.

DES PISTES DE TRAVAIL

Dans cette histoire se mêlent deux techniques : le conte défait et la salade de contes.

1. Le conte défait

Contrairement aux récits originaux, le petit Chaperon rouge, Boucle d'or et Blanche-Neige sont plutôt agressives, elles ne sont pas des victimes.
Elles sont indépendantes puisqu'elles passent des vacances ensemble, loin des parents et grands-mères, et apparaissent plutôt agressives. L'une a étudié le karaté et est très sûre d'elle, les deux autres n'hésitent pas à s'armer de couteau et de hache.
On est loin du rôle traditionnel des petites filles…
Quant aux trois ours, ils ont perdu toute agressivité. Ils sont égarés, ils ont faim, leur grand-mère est malade, ils sont fatigués et maladroits. Le caractère intrinsèque des personnages est donc complètement modifié.

2. La salade de contes

Les personnages de plusieurs contes se mêlent et se rencontrent dans la même histoire.
Ils gardent chacun leur personnalité mais vivent de nouvelles aventures.
Au début, les enfants auront tendance à reproduire les situations du conte initial, ce n'est que peu à peu, lorsqu'ils auront bien compris la règle du jeu qu'ils arriveront à créer de nouvelles histoires

Remarque :

Les enfants n'accepteront de modifier les contes ou d'en mélanger les personnages que s'ils les connaissent déjà parfaitement bien et depuis longtemps. Il faut qu'ils aient déjà ressenti toutes les émotions provoquées par l'histoire de nombreuses fois et dans le bon ordre.
Ils pourront alors s'en détacher et accepter de jouer avec ces personnages. Il faut également qu'ils aient à leur disposition un répertoire de contes traditionnels assez large.

Par exemple :

– *Boucle d'or* ;
– *Les trois petits cochons* ;
– *Le loup, la chèvre, les sept petits chevreaux* ;
– *Le petit Chaperon rouge* ;
– *La Belle au bois dormant* ;
– *Le petit Poucet* ;

* Voir *Grammaire de l'imagination*, Gianni RODARI, Éd. Messidor.

– *Hansel et Gretel ;*
– *Barbe-bleue ;*
– *Cendrillon ;*
– *Blanche-Neige.*

• **Exemples à proposer aux enfants**

Pour fabriquer des contes défaits :

1. Cendrillon est méchante et martyrise ses sœurs et sa belle-mère. Le prince charmant s'en aperçoit.

2. Blanche-Neige est tyrannique avec les sept nains, etc.

Pour des salades de contes :

1. Le Chat botté se lie d'amitié avec la fée Carabosse de *La Belle au bois dormant*.

2. Barbe-bleue se marie avec Blanche-Neige.

3. Le loup du petit Chaperon rouge rencontre Gretel lorsqu'elle va couper du bois dans la forêt.

• On peut aussi faire une « salade » avec les personnages des albums bien connus des enfants.

Exemple :

– Petit bleu rencontre le magicien des couleurs.

– Zéralda et Tiffany sont dans la même école.

– Dans la diligence attaquée par les trois brigands se trouvent les maximonstres.

• *Remarque* : pour ce travail de création d'histoire, il est préférable de travailler par petits groupes.

Ainsi, on peut noter les propositions des enfants et les lire au groupe classe.

On peut constituer un livre d'histoires de la classe qui trouvera sa place dans la bibliothèque de classe.

BIBLIOGRAPHIE

• *Le Petit Chaperon vert*, Grégoire SOLOTAREFF et NADJA, Éd. L'École des Loisirs.

• *Histoires à la courte paille*, Gianni RODARI, Éd. Gallimard , coll. « Le livre de poche jeunesse ».

FICHE 16

Finir une histoire, inventer une histoire

Aboutissement d'un travail sur les histoires

Ce travail sera fructueux si l'enfant a un répertoire d'histoires et de contes variés à sa disposition.

La création et l'invention d'histoires seront d'autant plus riches que le capital sera important.

OBJECTIFS

À partir de quelques éléments :

• demander de **créer une histoire structurée** :
  – avec une situation de départ ;
  – des événements et du suspense ;
  – un dénouement.

• Exiger qu'elle soit compréhensible pour qu'on puisse la redire ou la relire. Ce qui suppose que l'enfant doive **organiser son discours** et **respecter la chronologie**.

• Faire **utiliser le temps du récit**. Si l'on commence par « Il était un fois », on utilise le passé composé et le passé simple.

TRAVAIL PRÉPARATOIRE

Avant de se lancer dans l'invention d'histoires, il n'est pas inutile d'entraîner les enfants à travailler sur les histoires.

• **Exemple n° 1**

Le maître commence à raconter une histoire bien connue du groupe et s'arrête au milieu. Un enfant doit continuer à raconter. Il doit respecter la chronologie des événements ; s'il se trompe, le groupe intervient pour l'aider.

• **Exemple n° 2**

Raconter une histoire inconnue du groupe classe à un petit groupe d'enfants et leur demander de la raconter au groupe qui ne la connaît pas. S'ils ne sont pas rigoureux dans la narration, l'histoire devient incompréhensible.

• **Exemple n° 3**

Aller raconter des histoires (sans le support du livre) à d'autres classes.

• **Exemple n° 4**

Faire inventer aux enfants des prolongements aux histoires connues : « Et après ? »
Exemple : Cendrillon se marie avec le prince charmant, quelle est leur vie ?

• **Exemple n° 5**

Leur demander d'exprimer leur avis sur les personnages et sur les événements.

FINIR UNE HISTOIRE

Deux exemples d'histoires à finir.

• **Premier exemple**

Il était une fois un petit loup très gentil. Si gentil qu'il n'avait jamais mangé de personne, ni d'animal. Il aimait mieux manger des sucettes, des carottes ou des crêpes.

Le dimanche, quand les parents venaient promener les enfants dans la forêt, il se cachait derrière les arbres pour ne pas leur faire peur. Et il les regardait jouer avec envie. Il aurait bien aimé jouer avec eux à « saute-mouton », à « Loup y es-tu ? », mais il savait que c'était impossible.

Pourtant, un dimanche de printemps, alors qu'il était caché derrière un arbre comme d'habitude, il s'aperçut qu'une petite fille habillée tout de rouge s'était perdue. Il décida d'aller lui parler...

• **Deuxième exemple**

Il était une fois un petit chaperon noir. Sa grand-mère n'était pas malade et il n'avait pas besoin d'aller la voir, ce matin-là.

Non, il allait tout simplement à l'école, de l'autre côté de la grande forêt, avec tous les petits chaperons de son âge et de son village.

Il y avait des chaperons de toutes les couleurs, mais lui, le petit chaperon noir, était le plus coquin.

Il passait son temps à faire des farces aux autres chaperons et à la maîtresse.

Il n'écoutait rien en classe et passait son temps à chanter, tant et si bien que la maîtresse en eut assez et lui dit : « ...

MISE EN ŒUVRE

Il est préférable de travailler en petits groupes (10 enfants maximum) afin que chacun puisse s'exprimer.

On peut donner les mêmes textes à des groupes différents et comparer les productions.

Après la lecture du début de l'histoire, faire semblant d'avoir oublié la suite, ou dire que l'auteur compte sur les enfants pour finir l'histoire, car il n'a pas eu le temps de l'achever lui-même.

Le maître écrit sous la dictée. La production doit être le fruit d'un consensus. Il faut laisser les enfants débattre de l'opportunité de noter un détail ou un événement.

En relisant l'histoire au fur et à mesure de son élaboration, on peut noter les invraisemblances et les faire corriger.

Il faut avoir une exigence au niveau de la correction de la langue. Le ton du récit est un autre registre de la langue.

Lorsque la production est terminée, la relire dans son intégralité, avec redondance, pour bien mettre en valeur les dires des enfants.

Décider si on la laisse en l'état, ou si l'on apporte encore quelques corrections.

On ne communique les histoires aux autres groupes que lorsque chaque groupe a terminé son travail de façon définitive.

INVENTER DES HISTOIRES

1. Travailler à partir d'une photo.

Remarque : à cet égard, les photos de Robert Doisneau sont très riches (réf. : Doisneau-Pennac : *Les grandes vacances* ; Doisneau-Cavanna : *Les doigts plein d'encre*, Éd. Hoëbeke).

Faire observer la photo aux enfants et décrire ce qu'ils voient. Puis leur demander d'imaginer ce qui s'est passé avant et après. Le tout forme une histoire.

2. Tirer au sort deux mots parmi d'autres et inventer une histoire à partir de ces deux mots. Plus le rapprochement entre ces deux mots sera insolite, et mieux l'imagination se mobilisera pour les faire cohabiter dans une histoire cohérente.

3. Projeter quelques diapositives représentant quelques personnages, un lieu, un objet qui devront se retrouver dans l'histoire.

4. Apporter aux enfants deux ou trois objets qu'ils peuvent manipuler et qui serviront de point de départ à l'histoire.

Lorsque les enfants seront bien à l'aise avec toutes ces techniques, ils pourront travailler sans support.

On pourra alors leur demander d'inventer une histoire :

- drôle ;
- triste ;
- qui fait peur ;
- qui se passe dans un pays qui n'existe pas, etc.

Il est bon que tous ces textes créés par les différents groupes de la classe soient conservés.

On peut les recopier dans un cahier qui sera à la disposition des enfants dans la bibliothèque de la classe.

On peut aussi faire confectionner aux enfants des albums qui illustrent leurs textes, mais ça, c'est une autre histoire...

Pour compléter votre répertoire…

Voici quelques histoires

Niveau : **PETITE SECTION**

Des carottes pour les loups

Il était une fois un jeune lapin plutôt désobéissant.

Comme sa maman ne lui permettait pas de sortir tout seul, une nuit il s'échappa pour aller chassser des carottes.

Il monta tout en haut de la colline car les carottes poussaient de l'autre côté, dans la plaine.

Il faisait très noir, et il avait peur car il savait bien que la colline était peuplée de loups féroces, mais il avançait quand même.

Quand il commença à redescendre la colline, le jour se levait à peine.

Les carottes étaient encore couchées.

Le jeune lapin prépara son fusil et commença à tirer sur les carottes endormies.

Il voulait en tuer un kilo et demi pour que sa maman lui fasse un ragoût de carottes aux fines herbes.

C'était ce qu'il aimait le plus au monde.

Les loups qui l'avaient suivi à pas de loups, tout doux, tout doux, sans qu'il s'en aperçoive, l'encerclèrent. Il était en train de coucher les carottes mortes dans son panier lorsqu'il releva la tête et les vit…

Ils étaient terrifiants. Leurs yeux jaunes brillaient dans le noir et leurs grandes dents blanches et pointues semblaient prêtes à le mordre !

Le jeune lapin se baissa pour ramasser son fusil.

Il était tout tremblant. Mais quand les loups virent le fusil, ils prirent

peur et levèrent tout de suite les pattes en l'air !
Le lapin en profita et leur dit en prenant une grosse voix : « C'est bien, mes amis, je vois que vous allez m'obéir !
– Oui, oui, nous t'obéirons », répondirent les loups d'une voix chevrotante.
« Dans ce cas, vous allez manger toutes les carottes du champ !
– D'accord, d'accord, mon cher lapin, nous n'aimons pas beaucoup les légumes, mais nous acceptons. Dis-nous seulement pourquoi !
– Tout simplement parce que cela vous rendra aimables et vous fera les fesses roses. »
Alors les loups se mirent à croquer les carottes.
Au fur et à mesure qu'ils les avalaient, ils devenaient souriants et agréables.
Leurs fesses noires devenaient roses comme celles des bébés.
Quand ils eurent tout mangé, ils saluèrent le lapin très poliment et s'en retournèrent dans leurs grottes.

Depuis ce temps-là, on n'en a plus jamais entendu parler.
SAUF DANS LES HISTOIRES
Et les lapins peuvent aller chasser les carottes en toute tranquillité...

Cocodrilo et la louve verte

Il était une fois, au pays des loups, une jeune fille louve qui n'avait pas beaucoup de chance.

Au lieu d'avoir des poils gris comme tous les loups, elle avait des poils tout verts, verts comme l'herbe et très jolis. Mais les loups gris qui n'étaient pas gentils et pas polis se moquaient d'elle. Dès qu'ils la voyaient, ils éclataient de rire et la montraient du doigt en disant :
« Oh, la louve verte, qu'elle est vilaine ! elle ressemble à un crocodile ! »
La jeune louve qui n'avait jamais vu de crocodiles alla à la bibliothèque et regarda dans des livres.

Elle découvrit que les crocodiles étaient verts comme elle et habitaient dans un autre pays, très loin du sien, dans un pays où il ne faisait pas froid, mais très chaud.

Comme elle aimait bien la chaleur, et qu'elle ne voulait plus rester avec les loups qui se moquaient d'elle, elle décida de partir.
Elle prépara son sac à dos car c'était un long voyage, et elle avait besoin de beaucoup de choses : une tente pour dormir, un pyjama bien chaud, des chaussettes de laine, sa brosse à dents, son nounours, son rouge à lèvres, mais aussi son maillot de bain et ses robes d'été puisqu'il faisait chaud au pays des crocodiles.
Elle partit un matin de bonne heure sans dire au-revoir à personne. Les loups gris avaient été trop méchants avec elle. Au début, le voyage fut difficile car il faisait froid, très froid. La louve devait planter sa tente dans la neige, et malgré sa fourrure verte et ses chaussettes de laine, elle attrapa un rhume.
Puis, petit à petit, le temps se réchauffait, elle traversait des collines et des prairies fleuries. Elle faisait bien attention à ne pas passer à côté des villages des hommes, car elle avait entendu parler des chasseurs.
Elle marcha, marcha très longtemps et enfin elle arriva dans un pays où il faisait très chaud.
Elle rencontra des singes, de beaux oiseaux aux couleurs merveilleuses, mais rien qui ressemble à un crocodile comme ceux des livres.
Un soir qu'elle avait très chaud, elle alla vers le fleuve.
Tous les animaux de la région étaient venus y boire. Elle but aussi, puis décida de se baigner pour se rafraîchir. Elle plongea donc dans le fleuve et se mit à nager.
Au bout d'un moment, elle se sentit un peu fatiguée et sortit de l'eau pour se reposer.

Sur la rive, elle vit des troncs d'arbres et pensa :
« Je vais m'allonger sur un tronc d'arbre pour me faire sécher les poils au soleil. »
Elle choisit un petit tronc qui avait l'air bien propre, s'allongea et ferma les yeux.

Lorsque, tout à coup, elle sentit le tronc bouger. Elle s'assit et vit que le tronc d'arbre avançait.
« Que se passe-t-il ? Les arbres ont des pattes ici ? Vraiment, quel drôle de pays ! »

Et la louve verte allait sauter en marche lorsqu'elle entendit :
« Eh, dis donc, toi, tu aurais pu me demander la permission pour t'asseoir sur mon dos !
– Je n'ai pas l'habitude de parler avec les arbres, excuse moi ! » répondit la louve verte.
« Mais je ne suis pas un tronc d'arbre, je suis un animal !
– Comment t'appelles-tu ?
– Cocodrilo! je suis un crocodile.
– Un crocodile ! Quelle chance, comme je suis contente de t'avoir trouvé, laisse-moi te regarder ! »
Et la louve verte se mit à tourner autour de Cocodrilo, à toucher sa peau rugueuse, à compter ses pattes, à lui tirer la queue, à lui faire ouvrir la bouche pour admirer ses dents, et elle lui disait sans cesse :
« Oh ! Cocodrilo, que tu es beau ! Tu es bien plus beau que les crocodiles que j'avais vu dans les livres ! Tu es grand et fort ! Est-ce que tu sais nager ?
– Bien sûr ! » dit Cocodrilo, et il se jeta à l'eau, alla attraper un poisson et le rapporta à la louve verte.
« Non, merci, je ne mange pas de poisson, j'aime mieux la viande.
– Moi, je mange de tout, mais si tu préfères la viande, j'irai chasser pour toi.
– Tu es vraiment très gentil, Cocodrilo ! Mais pourquoi me regardes-tu comme ça ?
– Parce que je te trouve très belle ! Puis-je toucher ta fourrure verte ? elle a l'air si doux ! Mais dis-moi, tu n'es pas née dans ce pays ? Je n'ai jamais vu de jeune fille comme toi, ici ! Qui es-tu ? »
Alors la louve verte lui raconta son histoire, pourquoi elle avait fui son pays, et l'envie qu'elle avait eu de connaître les crocodiles.
Cocodrilo trouva qu'elle avait eu beaucoup de courage d'entreprendre un si long voyage toute seule, et décida de la présenter à tous ses parents, amis et voisins. La louve verte était très contente. Elle se coiffa avec soin, se mit du rouge à lèvres et une belle robe à fleurs roses. Elle allait enfin voir des familles entières de crocodiles : des grands-pères, des dames

crocodiles avec leurs bébés, des grands garçons crocodiles. Elle disait bonjour à tout le monde, les trouvait très aimables, mais son préféré, celui qu'elle trouvait le plus beau, c'était Cocodrilo.

Vers la fin de la soirée, les crocodiles décidèrent de faire une fête en l'honneur de la louve verte qui était venue de si loin pour les connaître.

Ils appelèrent des vers luisants pour qu'ils éclairent les bords du fleuve, et apportèrent de bonnes choses à manger et à boire.

Tout le monde s'amusait, mangeait, buvait, certains même étaient en train de danser sur une musique de rock'n roll, lorsque tout à coup, on entendit un coup de feu, et la voix de Cocodrilo qui disait :

« Attention, couchez-vous ! » aussitôt, tous les crocodiles se jetèrent par terre et restèrent immobiles comme des troncs d'arbre. Seuls, leurs petits yeux roulaient dans tous les sens pour voir ce qui allait arriver. La louve verte, qui ne pouvait pas s'aplatir comme eux, s'était cachée derrière un arbre.

Elle ne comprenait pas ce qui se passait. Un vieux grand-père crocodile qui était à côté d'elle, lui dit :

« Attention, cache-toi bien, ce sont les chasseurs !

– Les chasseurs ? Que viennent-ils faire ici ? Il n'y a pas de loups !

– Non, mais il y a des crocodiles et les chasseurs viennent nous tuer.

– Pourquoi donc ? Vous n'avez pas de fourrure ?

– Non, mais nous avons une belle peau avec laquelle ils font des sacs pour les dames, des chaussures, des ceintures, et des valises qui coûtent très cher ! »

Alors, la louve jeta un coup d'œil, et elle vit des chasseurs qui descendaient de leurs bateaux. Ils avaient de grandes bottes, des couteaux et des fusils. Et avec leurs lampes de poche, ils éclairaient les crocodiles pour choisir ceux qui avaient les plus belles peaux. L'un d'eux s'arrêta devant Cocodrilo et dit à ses amis :

« Regardez celui-là, il est beau, on pourra faire au moins dix sacs à main avec sa peau ! »

En entendant ces mots, la louve verte sortit de sa cachette en criant très fort : « Ouh-ouh ! Ouh-ouh ! »

Les chasseurs, en voyant une louve aux poils verts avec une robe rose et du rouge à lèvres, pensèrent mourir de peur.

« C'est un monstre ! un diable... un fantôme de loup ! »

Et ils reculèrent en perdant leurs fusils, certains butaient sur des crocodiles, d'autres tombaient dans le fleuve et nageaient pour remonter sur le bateau. Les crocodiles alors, commencèrent à les poursuivre, ils leur mordaient les fesses, mais comme ils avaient bien dîné, ils ne les mangèrent pas. Les chasseurs réussirent à s'échapper… ils avaient eu très peur !

Les crocodiles aussi.

Comme ils avaient été sauvés grâce à Cocodrilo et à la louve verte, ils décidèrent de les proclamer roi et reine du royaume des crocodiles. Il y eut un beau mariage, puis un couronnement.

Cocodrilo et la louve verte vécurent heureux très longtemps, et l'histoire dit qu'ils eurent beaucoup d'enfants que dans ce pays, on appelle des Crocoloups !

Dans la même collection

Peindre autrement

Créer des formes nouvelles

Lieux d'écoute

Graphisme en petite section

Graphisme en moyenne section

Graphisme en grande section

Jeux moteurs en petite section

Activités motrices en moyenne et grande sections

Jeux sportifs collectifs

Devenir attentif

Écoute et regarde

Apprendre à percevoir, anticiper, réagir

L'Enfant, le nombre, la numération

17 jeux mathématiques en petite section

17 jeux mathématiques en moyenne section

17 jeux mathématiques en grande section

Les mathématiques par les jeux - Tome I (petite et moyenne sections)

Les mathématiques par les jeux - Tome I I (grande section)

Activités mathématiques - Tome I

Activités mathématiques - Tome II

Paroles et histoires pour les 4/5 ans

Des livres avant de lire

20 histoires pour les 3 ans

Pour une pédagogie réussie de la langue

La lecture, premiers supports - Tome I

La lecture, approfondissons - Tome II

La lutte à l'école

Esthétique et environnement

Coordination éditoriale : Sylviane Brun-Bourguignon, Laure Dercourt

Édition : Christine Delormeau

Illustrations : Santiago Ramón

Conception : Presse et Design

Réalisation et couverture : Atelier Dominique Lemonnier

N° Editeur : 10043305-(III)-7,8 - (CSBBG) - 115° - Octobre 1997
Imprimé en France par I.M.E. - 25110 Baume-les-Dames - N° imprimeur : 11869